웃자! 웃자!

백명애 엮음

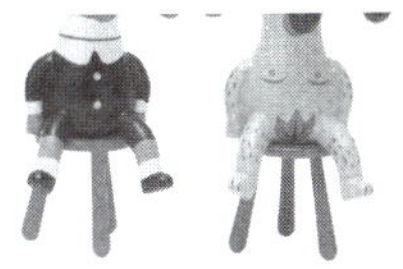

방귀와 바퀴벌레의 공통점 세 가지!
첫째, 아침이면 없어졌다 저녁이면 나타난다.
둘째, 죽여도 죽여도 자꾸만 나온다.
셋째, 여자들이 싫어한다.

도서출판 윤미디어
YUN MEDIA PUBLISHING CO.

차례

별일은 없었지만…,

옛날, 한 양반이 한양에 볼일이 있어 집을 잠시 떠났다 돌아왔다.

양반 : 그동안 별일 없었느냐?

머슴 : 예, 마님. 별일은 없었습니다만, 도련님께서 밭에 가셨다가 소에게 받치셔서 그만 크게 다치셨습니다.

양반 : 뭐라고? 그 밖에 다른 일은 없었겠지?

머슴 : 별일은 없었습니다만, 도련님께서 소에게 받쳐 돌아가신 줄로만 아시고는 마님께서 그만….

양반 : 마님께서 어떻게 되셨단 말이냐?

머슴 : 별일은 없었습니다만, 놀라서 그만 돌아가셨습니다.

양반 : 그냥, 가지. 어디를 돌아갔단 말이냐?

머슴 : 그것이 아니오라, 황천길에 몸을, 아니 영혼을 옮기셨다는 이야기옵니다.

양반 : 뭐라고? 그래서?

머슴 : 별일은 없었습니다만, 할머님께서 마님 소식을
　　　 들으시고서는 그만….

양반 : 또, 무슨 말이냔 말이냐?

머슴 : 별일은 없었습니다만, 할머님께서도 그 사실을
　　　 아시고 그냥 쇼크로 돌아가셨습니다. 그리고, 별
　　　 일은 없었습니다만….

머슴의 '별일 없었습니다만'을 듣던 양반은 그 자리
에서 쓰러져 영원히 일어나지 못했다고 한다.

커닝의 10대 요소

제1조: 양심은 없던 걸로 해 주세요.

제2조: 평소 원만한 교우 관계를 이룩하여 협조적인 시스템을 구축한다.

제3조: 철저한 사전 준비를 한다.

제4조: 모든 장비를 동원한다.

제5조: 허점찌르기 작전에 돌입한다.

제6조: 시험 감독 선생님의 시선은 물론 머리끝에서 발끝까지 행동을 주의 깊게 주시한다.

제7조: 슬슬 행동을 시작한다.

제8조: 증거 인멸 작전에 돌입한다.

제9조: 끝까지 오리발 작전에 들어간다.

제10조: 담임 선생님께 눈물로 호소한다.

이상한 습성

잘난 체하는 남자와 냉담한 남자가 이야기를 나누고 있었다.

잘난 체하는 남자 : 나는 세상 사람들이 흔히 갖고 있는 이상한 습성 같은 것을 갖고 있지 않습니다. 같은 일이라도 어떤 사람은 이렇게, 또 어떤 사람은 저렇게 합니다. 내 경우는 어느 쪽이든 다 할 수 있지요.

냉담한 남자 : (묵묵히 듣고 있더니) 그래요? 그럼 당신은 어느 쪽 손으로 커피를 젓는지요?

잘난 체하는 남자 : 어떤 때는 오른손으로 젓고 또 어떤 때는 왼손으로 젓지요. 내게 있어서는 별 차이가 없습니다.

냉담한 남자 : 정말 괴팍스럽군요. 대부분의 사람들은 스푼으로 젓는데 말입니다.

화장실

어느 날 노주현, 최불암, 배삼룡이 같은 날, 같은 시각에 죽었다. 그래서 그들은 함께 저승에 가게 되었다. 그런데 노주현이 배가 아파서 하나님께 화장실을 내려 달라고 빌었다. 그랬더니 하늘에서 금으로 된 수세식 변소가 내려왔다. 그래서 노주현은 거기에서 일을 봤다. 옆에서 가만히 지켜보던 최불암 왈—.

최불암 : 하나님, 저도 배가 아픈데, 노주현처럼 수세식 변소를 내려 주세요.

그랬더니 하늘에서 변소가 내려왔다. 그런데 그 변소는 냄새가 코를 진동하는 '푸세식 화장실'이었다.

최불암 : 하나님. 왜, 저는 냄새가 나는 푸세식 변소를 내려 주십니까?

하나님 : 네 뒤를 보아라.

최불암이 뒤를 쳐다보니 배삼룡은 신문지를 깔고 누고 있었다.

신혼 이야기

이대발과 박지은이 결혼을 했다.

그런데 신혼인데도 대발이 직장에서 퇴근해 지은에게 하는 첫마디가 항상, "밥 줘!"라는 한마디였다.

지은은 무뚝뚝한 대발의 마음을 끌기 위해 갖은 애교를 부려보아도 대발은 여전히 "밥 줘!"라는 한마디였다.

지은이 하루는 기필코 대발의 마음을 끌어보리라 마음 먹고, 화장도 야하게 하고, 옷도 예쁘게 입고, 향수까지 온 몸에 발랐다.

이윽고 딩동댕 소리와 함께 대발이 현관에 들어서더니 역시 또 "밥 줘!"라고 했다. 지은은 목소리에 애교를 섞어서 "자기 나한테 무슨 냄새 안나?"하고 말했다.

그랬더니 대발이 하는 말. "왜, 너 방구 꼈니?"

돌이 두 개 였는디

‘아버지 돌 굴러가유’를 늦게 해서 아버지를 죽게 만든 사람이 결혼을 해서 아들을 낳자. "아버지 돌 굴러가유’만을 빠르게 말하도록 연습시켰다.

아들이 드디어 빨리 말할 수 있게 됐다. 드디어 아버지와 아들은 산을 오르게 됐다. 한참 올라가다 돌이 굴러가자, 아들은 ‘아버지 돌 굴러가유’를 빨리 말했다. 아버지는 돌이 굴러오자 잘 피했으나, 죽었다.

그제서야 아들이 느릿느릿 말했다.

"근데 돌이 두 개여유."

보나 마나

사선을 넘나들며 먹고 사는 사람　　　　　작곡가

물가 상승과 관계없이 항상 깎아 주는 곳　　　이발소

앞을 보지 못하던 사람이 눈을 떴다. 이때 부르는 노래
는 ?·　　　　　　　　　　　　　　　보이네

흔들거리지 않으면 불량품 취급받는 것은?　안락의자

쓸데없는 소리만 듣고 싶어하는 사람　　　　청소부

거지가 돈벌기 싫을 때 하는 것은?　　　　　목욕

거지가 배부르면 살기 좋은 세상, 거지가 배고프면?

　　　　　　　　　　　　　　빌어먹을 세상

놀부가 부자가 된 흥부를 보고 부른 노래는?

　　　　　　　　　　　　제비 몰러 나간다

수많은 사연을 늘 가방 속에 지니고 다니는 사람은?

　　　　　　　　　　　　　　　집배원

똥 시리즈 1

시골 할머니가 어쩌다 서울 나들이를 하게 되었다. 덕수궁을 구경하고 있는데 갑자기 뒤가 마려웠다.

할머니는 지나는 사람한테 물어서 공중 변소를 갔다. 그런데 일이 묘하게 되려고 그랬는지 변소 안은 만원이었다.

칸칸마다 안으로 문이 잠겨 있는 것을 안 할머니가 그냥 돌아서 나오며 하는 말.

"눈 감으면 코 베어가는 데가 서울이라더니 과연 소문대로구먼. 누가 똥 훔쳐갈까봐 죄다 걸어 잠갔잖여. 그렇다면 내 귀한 똥 서울에 남기고 갈 필요없이 참았다 고향 가서 뒤를 봐야지!"

뛰어난 순발력

<문제>

티코에서 car s.e.x하는 것을 6글자로 표현하면?

<정답>

"작은 차 큰 기쁨!"

남자는 필요한 만원짜리 물건을 2만원에 산다.
여자는 필요 없는 2만원짜리 물건을 만원에 산다.

똥 시리즈 2

어떤 사람이 아프리카에 갔다.

그런데 많이 먹어서 똥이 마려웠다.

화장실에 급히 갔는데 더러웠다. 그래도 들어갔다.

똥 누는 자세로 앉았는데 앞에 보니 "옆을 보라'고 쓰여 있었다.

옆을 보니 '뒤를 보시오' 라고 쓰여 있었다.

몸을 간신히 돌아보니 '위를 보라'고 쓰여 있었다. 거기엔 이렇게 쓰여 있었다.

"뭘봐! 똥이나 싸지!"

똥 시리즈 3

최불암이 친구들의 소개로 김혜자와 미팅을 하게 되었다.

서로 처음 만나 이름과 취미를 서로 묻다가 최불암이 방귀를 뀌고 싶었다. 최불암이 참다참다 할 수 없어 뿡하고 방귀를 뀌었다.

한 10분이 지났을까, 또 최불암이 방귀를 뀌고 싶었다. 이번에도 할 수 없어 방귀를 뀌었다.

그런데 방귀는 연달아서 뿌웅뿡뿡뿌웅하고 큰소리로 연달아 나오는 거였다.

최불암이 미안해서 얼굴을 숙이고

최불암 : 으흠! 저, 좋아하는 음식이 뭐예요?

김혜자 : 떡볶이, 만두국을 좋아해요. 불암씨는 어떤 음
식을 좋아해요?

그러나 최불암이 대답을 하려는 순간 자기도 모르게 방귀를 또 뀌게 되었다.

그러자 김혜자가 화를 내면서 벌떡 일어섰다.

김혜자 : 야! 똥을 싸라, 똥을 싸!

방위와 바퀴벌레

방위와 바퀴벌레의 공통점 세 가지!

첫째. 아침이면 없어졌다 저녁이면 나타난다.

둘째. 죽여도 죽여도 자꾸만 나온다.

셋째. 여자들이 싫어한다.

행복의 비결은 필요한 것을 얼마나 갖고 있는가가 아니라 불필요한 것에서 얼마나 자유로워져 있는가 하는 것이다.

평소대로 하시구료

어떤 부부가 동물원에 가서 고릴라를 구경하고 있었다.

이 부부는 너무 고릴라에 몰두해서, 고릴라의 거시기가 커지면서 부인을 자꾸 쳐다보는 것을 깨닫지 못했다.

마침내 매우 흥분한 고릴라가 부인을 우리로 잡아끌더니 옷을 찢기 시작했다.

부인 : 여보, 어떻게 좀 해봐요.

남편 : (태연하게) 평소대로 해 보구료, 두통이 심해서 그럴 기분이 아니라고 하면 고릴라도 이해하지 않을까?

토끼와 곰

곰과 토끼가 숲속에서 똥을 누고 있었다.

곰이 토끼를 보고 물었다.

"이봐, 네 모피는 똥이 묻지 않니?"

"묻지 않아."

그러자 곰은 토끼를 잡아서 자신의 엉덩이를 닦았다.

세상에서 가장 큰 잘못은 포기하는 것이다.

영자가 살찔 수밖에 없는 이유

월요일 : 원래 먹는대로 먹는다.

화요일 : 화끈하게 먹는다.

수요일 : 수수하게 먹는다.

목요일 : 목까지 차도록 먹는다.

금요일 : 금방 먹고 또 먹는다.

토요일 : 토할 때까지 먹는다.

일요일 : 일찍 먹고 잔다.

우울할 때 웃어라, 우울증도 웃음 앞에서는 맥을 쓰지 못한다,

풀 수 없는 문제

경규가 초등학교 3학년 때의 일이다.

산수 시간에 모르는 문제가 나와서 풀다풀다 도저히 풀 수가 없어 손을 들고 선생님을 불렀다.

"선생님, 이 문제 모르겠어요."

그러자 선생님이 문제를 풀어주며 말했다.

"아니, 이것도 몰라. 이거 어제 배운거잖아. 이 문제와 답만 3번 읽어."

"이 문제와 답만."

"이 문제와 답만."

"이 문제와 답만."

세 가지 소원

옛날에 가난하지만 착한 나무꾼이 살았다.

어느날 산 속으로 나무를 하러 간 그는 그만 길을 잃어버렸다.

길을 찾아내려고 애를 썼으나 끝내 찾지 못하자, 이제는 죽었구나하는 생각을 하며 나무 그루터기에 주저앉았다.

그런데 갑자기 "여보세요, 저 좀 살려주세요~"하는 소리가 들렸다.

그 나무꾼은 너무 놀라 주의를 살펴보니 자기가 앉은 그루터기 밑에 어떤 난장이 요정이 깔려있는 것이었다. 그는 마음씨가 착한 사람이었기 때문에 얼른 그 그루터기를 옮겨 요정을 꺼내 주었다.

그 요정은 은혜에 보답하는 의미로 소원을 3가지 들어주겠다고 했다. 나무꾼은 소원을 말하기 시작했다.

"첫째, 나를 세상에서 제일 부자로 만들어 줄 것."

"둘째, 세상에서 최고의 미인이 나의 아내가 되게 해

줄 것."

　"셋째, 나의 가운데 다리(?)가 땅에 닿도록 해줄 것."

　요정은 그 정도는 쉽다고 하면서 가지고 있던 지팡이로 그의 몸을 세 번 쳤다.

　잠시 후, 나무꾼은 주위를 둘러보았다.

　자신의 오른쪽에는 금괴가 가득 쌓여 있었고, 자신의 왼쪽엔 엄청난 미모의 여인이 있었다.

　그는 소원이 이루어진 걸 좋아하며 마지막으로 자신의 아래쪽을 쳐다보았다.

　순간 그는 "으악!"하는 소리르 내뱉고 기절했다.

　그의 양쪽 다리가 가운데 다리만큼 짧아져 있었다.

생전 처음 먹어본 음식

롱다리 이휘재가 처가에 갔다.

음식 대접을 받는데, 생전 처음 먹어 보는 얼음이 그렇게 신기할 수가 없었다. 그래서 아내에게 보여 주고 싶어 종이에 싸서 슬쩍 호주머니 속에 넣어가지고 집으로 왔다.

"여보, 당신네 친정에 가서 아주 희한한 걸 먹어 봤는데 당신 생각이 나서 가져왔다!"하고 주머니 속을 뒤졌다.

"이것 봐라, 별일 다 보겠네. 오줌을 싸 놓구 달아났잖아!"

토끼는 못 말려

토끼 한 마리가 헐레벌떡 약국으로 뛰어들어왔다.

"뭘 도와줄까?" 약사가 말했다.

"아저씨, 당근 있어요?"

"여기는 약국이란다. 당근은 야채가게에 가야지."

다음날 토끼가 또 찾아왔다. 아주 심각한 표정으로 물었다.

"아저씨, 당근 있어요?"

"여기 당근은 없다니까!"

토끼는 그 다음날도 어김없이 찾아왔다.

약사의 눈치를 살피며,

"아저씨, 저 감기 기운이 있어요."

"오, 그래?"

"그러니까 당근 좀 주세요."

열 받은 약사는 토끼에게 주먹을 날렸다.

그 바람에 앞니 두 개가 부러진 토끼,

다음날도 약국에 찾아와 문틈으로 얼굴만 내민 채,

"아저씨, 당근 주스 있어요?"

성공적인 수술

람보가 수술을 받고 마취에서 깨어났다.

옆 병상에 있는 두 환들을 보고 "수술이 성공적이어서 다행입니다."라며 기쁜 표정을 지었다.

코만도는 이 말을 듣더니 "너무 확신하지 마십시오. 나한테는 멸균 거즈를 넣은 채 수술을 해서 다시 배를 잘랐다오."

옆에 있던 브룩실즈도 "나 역시 가위를 찾느라고 다시 수술했죠."했다.

바로 이때 의사가 문으로 고개를 들이밀고 말했다.

"제 모자 보신 분 없습니까?"

한의사와 아기

　경동시장 한 한의원에 어느 날 아주머니가 찾아오더니 아기를 떼고 싶다고 얘기하는 것이었다.

　처방을 생각한 한의사는,

　"아주머니, 커피와 술을 많이 하시고 담배도 피우시고, 껌도 많이 씹으십시오. 그렇게 했는데도 아기가 떨어지지 않으면 그냥 낳으십시오."

　몇 개월 후 그때 그 아주머니가 얼굴색이 커피 색이고, 술에 취한 듯 코가 빨갛고, 껌을 씹으면서 담배까지 피우는 아이를 하나 등에 업고 왔다.

　그 아기가 한의사에게 이렇게 말하는 거였다.

　"아저씨, 내가 죽은 줄 알았지!"

소 변

드디어 최수종이 하희라와 결혼을 해서 신혼 살림을 차리게 됐다. 그런데 수종은 술고래여서 매일 밤 술을 마시고 귀가를 하는 것이다.

어느날 술이 만취가 된 채 잠이 들은 수종은 소변이 마려워서 화장실로 가 화장실 문을 열었다. 그런데 스위치를 누르지도 않았는데 갑자기 화장실에서 빛이 나오는 것이었다.

수종은 너무 신기해서 소변을 보고 난 후 하희라를 깨워서 말했다.

"희라야, 글쎄 내가 신의 계시를 받았어. 내가 소변을 보려고 문을 여니까 눈부신 빛이 나더라구. 이건 틀림없는 신의 계시야."

그러자 희라는 잠에 취한 목소리로,

"아이구 맙소사, 수종씨! 오늘도 냉장고에다 일 봤군요."

향수의 유래

향료를 알코올 등에 용해시켜서 만든 화장품을 향수라고 한다. 유럽에서는 향수문화가 가장 먼저 발달한 나라로 프랑스를 꼽고 있다.

프랑스는 17세기에 각종 문화의 전성기를 이루며 높은 향기를 발산시켰다. 철학자 데카르트를 비롯해서 몰리에르, 라신 등이 모두 이 시대에 활약하면서 프랑스 문화를 더욱 향기롭게 만들었다.

당시 프랑스의 최고 통치자는 루이 13세였는데 그가 목욕을 처음 한 것은 일곱 살 때였다고 한다. 황제의 자리에 앉아 있는 사람이 일곱 살 때 목욕을 처음 했다면 믿으려 하지 않겠지만 사실이었다. 그 시대에는 목욕은 고사하고 세수하는 것도 몰랐다고 한다.

세수도 안하고 목욕도 안하니까 머리에서는 비듬이 뚝뚝 떨어지고 냄새가 진동했다. 악취는 머리 뿐 아니라 온몸에서 풍겼다. 지위고하를 막론하고 사람 몸에서 나는 고약한 냄새때문에 만들어 낸 것이 향수였다는 것이다.

별난 시주

    일본의 와가야마에는 '가다'라는 절이 있다. 속칭 '아와시마'라고도 하는 이 절에는 오래 전부터 이상한 전통이 전해오고 있다. 이 절에 와서 기도를 드리면 각종 부인병이 말끔히 고쳐진다는 것이다.

    그래서 전국 각지에서 많은 여인들이 몰려들었는데 단 한가지 조건이 있었다. 기도를 드리는 여인은 반드시 자기의 머리카락을 잘라서 바쳐야 한다는 것이었다. 각종 부인병에 시달리던 여인들은 기꺼이 머리카락을 바쳤다.

    시대가 바뀜에 따라 머리카락 대신 가발을 바치는 여인들의 숫자가 늘어가자 아와시마의 신이 대로하였고 가발을 바친 여인들은 더욱 심한 부인병으로 고통받게 되었다.

    그 뒤부터 이곳을 찾는 여인들은 머리카락 대신 자신이 입고 있던 팬티를 벗어서 바치게 되었는데 팬티의 효험 때문인지 부인병은 신통하게 치유되었다.

그래서 지금은 한해에 트럭 10대 분의 팬티가 쌓여 아와시마 관리인들을 괴롭히고 있다고 한다.

기억력이 흐려져서

"오 내사랑. 당신은 이 세상에서 가장 아름다운 여인이라오. 나는 당신처럼, 아니 당신보다 더 예쁜 여자를 평생에 본적이 없다오 나와 결혼해 주오."

그들은 결혼했다. 1년이 지난 후.

부인이 울면서 항의를 했다.

"당신은 거짓말쟁이야. 당신은 내가 이 세상에서 제일 예쁘다고 해 놓고 지금와서 다른 여자와 바람을 피우다니!"

남편,

"그런데 솔직히 말해서 나는 이 세상에서 가장 기억력이 나쁜 사람이거든."

여자 편지

남편이 어떤 여자 편지를 받아 읽어 보더니만 얼굴색이 창백하게 변했다.

부인이 옆에 있다가 의심이 생겨서,

"흥, 여자 편지죠? 나를 속이려고 들지 말아요. 그 여자가 누구예요?"

남편 대답,

"여자한테서 온 것은 확실해. 당신 단골 의상실 여자한테서 온 청구서요."

그만 좀 주물러요

부인,

"극장 안에서 당신 왜 자꾸만 내 앞가슴을 주무르고 그랬어요? 내가 그만두라고 그렇게 손을 비틀었는데도 계속 주무르면 어떻게 해요? 창피하게시리?"

남편,

"당신 가슴을 내가 주물렀다구? 나는 안그랬는데!"

부인,

"어머나, 그럼 그게 누구예요?"

잠좀 자자

회사 여사원이 사장한테 잘보이려고 별짓을 다했다. 사장하고 연애를 하려고 노력은 했지만 벽창호 같은 사장은 전혀 기회를 주지 않았다.

어느날 갑자기 사장이 불러서 들어갔더니 아니 이게 웬일인가.

"오늘밤 특별히 할 일이 있습니까?"

하고 묻는 것이 아닌가? 너무너무 신이 나서,

"아뇨, 아무일도 없어요. 저하고 데이트를 하시게요?"

그러자 사장 대답이,

"아, 그래요? 그렇다면, 일찌감치 집에가서 자고 내일 아침엔 출근시간 좀 지켜요. 출근시간!"

코카콜라

오래 전의 일이다. 소련의 후르시초프 서기장이 미국을 방문하여 "부러운 것은 코카콜라와 매니지먼트뿐"이라고 말한 일이 있었다. 미국의 코카콜라는 그만큼 유명하다.

세계 430여 개국에서 판매되고 있는 코카콜라는 연간 생산량이 무려 3백 60억 병에 달한다. 지금은 음료수의 대명사 처럼 되어 있지만 코카콜라가 처음 만들어질 때는 음료수가 아닌 약물이었다.

1886년 애틀랜타에서 약제사 존 펜버튼이 자기 아버지의 주벽을 고치기 위해 오랜 연구 끝에 개발해 낸 것이 바로 코카콜라이다. 펜버튼의 아버지는 술만 마시면 주정을 해대는 고약한 버릇이 있었으며 그 주정은 술을 마신 이틀날까지 계속 되었다.

아버지의 술주정을 걱정한 펜버튼이 코카의 잎사귀에서 즙을 뽑아 내어 마시기 좋은 약을 만들어 낸 것이 코카콜라의 시초였다. 그래서 지금도 미국의 일부 지방에서는 코카콜라를 술 깨는 약으로 쓰고 있다.

병은 입으로 들어가고 화는 입에서 나온다. 말은 짧으면 짧을수록 더욱 좋다.

지하철 풍경

　서울의 지하철은 날이 갈수록 혼잡하다. 이미 오래 전에 '지하철이 아닌 지옥철'이라는 말이 나올 정도로 출퇴근 시간의 지하철은 그야말로 생지옥 같다.

　그러나 이같은 생지옥을 지옥으로 생각하지 않고 오히려 즐기는 부류들이 있다. 젊은 여자들의 몸을 더듬는 치한들, 남의 주머니와 핸드백에서 현금이나 귀중품을 슬쩍하는 소매치기들이 그들이다.

　우리보다 훨씬 먼저 지하철을 건설한 일본에서도 치한과 소매치기 문제는 여전히 두통거리인 모양이다. 일본에서는 60년 전인 1930년에 "문명국민으로서의 차내작법'이라는 것을 제정하였는데 그것을 얼마 전에 일부 뜯어고친 바 있다.

　새로 만들어진 일본의 차내작법을 보면,

　첫째, 차내에서 졸거나 하품을 하지 말 것,

　둘째, 옆에 선 친구와의 대화에 너무 열중하지 말 것,

셋째, 촌사람처럼 두리번거리지 말 것 등이다. 다시 말
하면 치한이나 소매치기에게 허점을 보이지 말라는 것이
다.

90층은 무료

　너무도 유명한 창녀집이 하나 있었다. 세상에 아름다운 여자란 여자는 모두·모여 있다고 소문이 난 집이지만, 너무너무 비싸서 돈 없는 사람은 들어갈 생각조차 못하는 곳이었다. 그런데 하루는 그 건물에 광고가 붙어 있었다.

　"90층까지 올라오시면 무료 서비스를 해드립니다."

　이게 웬 떡인가? 어떤 가난한 녀석이 그곳에 갔다. 그러나 90층은 엘리베이터를 타지 못하고 걸어서 올라가야만 했다.

　이 녀석이 90층에 도착했을 때는 이미 기진맥진해서 일어설 힘조차 없었다. 그래도 예쁜 여자를 만난다는 생각에 엉금엉금 기어서 방으로 들어갔다.

　그 방안에는 광고가 붙어 있었는데,

　"셀프 서비스를 하시오."

잠자리

국어 시간에 맹구가 늘 기상천외한 글짓기만 하자 선생님은 무지무지 화가 나셨다.

그러나 꾹 참고 맹구에게 한 번 더 기회를 주기로 하셨다.

이번 문제는 '잠자리'였다.

다른 아이들은,

'잠자리가 파아란 가을 하늘로 높이높이 날아갑니다.'

'잠자리가 연꽃에 앉았습니다.'

이런 짧은 글을 써서 발표했다.

드디어 우리의 스타 맹구의 차례가 되자,

"잠자리가 편안해야 돼지꿈을 꾼다구요."

동상걸린 손가락

포장마차를 시작한 맹구는 계속 엄지손가락을 국물에 반쯤 담갔다가 빼낸 오뎅을 나르고 있었다.

한 손님이 그것을 보고 좀 비위가 상했지만 배가 고파 단숨에 후루룩 마셨다.

어찌나 맛이 좋은지 그냥 나갈 수가 없어 다시 한 그 릇을 시켰다.

이번에도 주인아저씨 맹구는 오뎅 국물에 손가락을 담 갔다가 주는 것이었다. 손님은 얼른 국물을 마시고 나서 웃으면서 물었다.

"아저씨, 아까부터 왜 손가락을 담그고 그러세요?"

"예, 손가락에 동상이 걸려서요."

"아저씨 그럼, 그 손가락을 콧구멍 속에 넣어보세요."

"안그래도 아까부터 그러고 있었습니다."

"으웩!"

초인종과 불

태어나서 처음으로 병원에 입원한 맹구는 병실의 여러 가지 물건들이 매우 신기해 이것저것 만져 보았다.

그런데 침대 옆에 무슨 줄이 하나 있었다.

맹구 : (줄을 가리키며) 이게 뭐예요?

간호사 : 초인종이예요.

맹구 : (몇 번 잡아당겨보더니) 어? 소리가 안 나네?

간호사 : 이건 소리가 나는 게 아니라 간호사가 볼 수 있게 복도에 불이 들어오는 거랍니다.

맹구 : (간호사가 밖으로 나가자) 나원 참, 복도에 불을 켜고 싶으면 지들이 켤 것이지 왜 환자한테 시켜?

별난 중국요리

중국 사람들은 옛날부터 미식가로 유명하다. 음식을 만드는 조리 솜씨도 뛰어나지만 재료의 종류도 무척 다양하다.

최근 미국의 어떤 요리전문가가 잘 알려지지 않은 중국 음식들을 조사하던 중 '샤그오코이토'라는 음식을 발견했다.

이름도 까다로운 이 음식의 재료는 흑련(黑鏈)이라는 물고기였다. 그는 어렵게 흑련을 구해 책에 적혀 있는 방법대로 '샤그오코이토'라는 음식을 만들었다.

그리고 다시 뒤져 본 결과 '샤그오코이토'를 건뇌식(健腦食)이라고 설명해 놓은 것을 발견했다. 건뇌식이란 동물의 뇌로서 인간의 뇌를 건강하게 만들어 준다는 뜻이었다.

그래서 다시 흑련이라는 물고기의 머리를 쪼개 보았더
니 그 속에서 인간의 뇌와 흡사한 것이 나왔고 다시 그
성분을 조사해 보았더니 인간의 뇌와 똑같은 젤라틴 성
분이 추출되었다. 그리고 맨 끝에 '이것은 바로 당신 같
은 사람에게 필요한 음식임'이라고 씌어 있었다.

출산연령

　여자가 아이를 낳을 수 있는 출산연령은 대개 13세부터 55세까지로 알려져 있다. 사람에 따라 조금씩 다르기는 하지만 13세 전후해서 초경이 시작되고 55세를 전후해서 폐경이 시작되기 때문에 그 사이를 출산 가능기로 보고 있는 것이다.

　그러나 예외의 경우도 있다. 일본에서는 최연소 출산기록은 7세, 최고령 출산기록은 76세로 되어 있다.

　최연소기록은 1800년 9월 3일. 이바라키켄 기다소마군후지시로에 사는 주조라는 사람의 일곱 살짜리 딸이 사내아이를 낳은 것이다. 일곱 살이니까 정식으로 결혼했을 리는 없고 누군가에 의해 강간당한 것이 틀림없는데 본인이 입을 다물었기 때문에 아이 아버지가 누구인지 밝혀지지 않았다.

또한 1923년 봄, 나가토켄 마쓰모토 시 우에마치에 거주하는 76세의 할머니는 딸을 낳았다. 아이 아버지는 50세 연하의 26세 청년이었으며 이들은 딸을 낳은 뒤에도 자주 만나 내연의 부부관계를 계속했다고 한다.

똑똑하네요

어린시절 하루는 수종이가 엄마와 함께 은행에 갔었다.

꼬마 수종이는 은행 맨 끝쪽으로 가더니 아가씨에게 유리칸 구멍 사이로 과자를 넣어주는 것이었다.

수종이의 어머니가 이것을 보고 크게 당황해서 수종이에게 그러면 안 된다고 말렸으나 막무가내였다.

수종이를 때리면서 어머니는 말했다.

"죄송해요. 애가 좀 전에 동물원에 다녀왔거든요."

마누라가 무서워

　여자를 어지간히 밝히는 회사 사장이 여비서를 새로 고용하기 위해서 한 여자를 인터뷰하고 있었다. 그런데 이 여자가 아주 미인이었다.

　그래서 여비서로 고용하기로 결정하면서 이 사장이 하는 말,

　"아가씨, 당신을 고용하겠소. 그런데 혹시 어머니 사진이 있으면 가져오쇼. 우리 마누라한테 보여줘야 하니까."

결혼한 이유를 모르겠네

옆집 여자에게,

"아이구, 남자들이란 어째 그런지 몰라요. 자기들만이 이 세상 일을 모두 알고 있는 것처럼 그런단 말이에요."

옆집 여자 대답,

"우리 남편은 달라요. 항상 얘기하는데 한가지 모를 게 있다고 그런다우."

"그게 뭔데요?"

"왜 나하고 결혼을 하게 되었는지 그걸 통 모르겠대요."

비 밀

저개발국가에서 너무 돈이 없고 가난해서 경찰관에게 제복을 사 입힐 수가 없었다. 하지만 치안 유지를 위해 경찰은 꼭 필요했다.

궁리 끝에 대통령이 새로운 아이디어를 짜 내었다. 모든 국민들은 콧수염을 기르지 못하게 하고 경찰관만 콧수염을 기르게 했다. 아주 기발한 아이디어다.

어느날 어떤 강도가 범행 현장에서 경찰관이라고 주장하는 사람한테 붙잡혔다. 그런데 그 남자는 콧수염을 갖고 있지 않았다.

강도, "여보슈, 당신은 콧수염이 없는 걸 보니 경찰관이 아닌데 왜 날 체포하슈?"

그러자 그 남자는 바지와 팬티를 벗으면서,

"이 아래 털이 안 보이냐? 난 비밀경찰이야, 짜샤."

사랑 영화

아들이 영화 구경을 하고 집으로 돌아왔다. 아버지가 영화는 재미있었냐고 물어 봤다.

아들 녀석 대답,

"글쎄요. 그저 그래요. 하지만 아빠는 무척 재미없어 할 거예요."

아버지의 질문,

"그건 또 왜 그래?"

"그 영화는 사랑 영화였거든요. 그런데 마지막에 애인이 죽고 그 불쌍한 친구는 다시 마누라한테 돌아가고 만다는 그런 얘기거든요."

남자의 정체

🌸남자란 자기가 알고 있는 단 한 명의 여자, 즉 자기의 아내를 통해 여자의 세계 전부를 알고 있는 것처럼 멋대로 판단한다.
　　　　　　　　　　　　　　　　　－ 펄벅

🌸남자는 아내나 애인이 싫어지면 피하려고 한다. 그러나 여자는 자기를 싫어하는 남자에게 보복하려고 한다.
　　　　　　　　　　　　　－ 시몬 드 보봐르

🌸남자라고 하는 것은 자기의 마음에 드는 여자로부터 관심을 끌지 못할 경우 반드시 그 여자를 헐뜯고 다닌다.
　　　　　　　　　　　　　　　　－ 퓨이제

🌸남자가 여자에 대한 연민의 정과 경의를 동시에 나타낼 때 여자에 대한 남자의 지배는 무한해진다.
　　　　　　　　　　　　　　　－ 에셴바흐

🌸남자 하인이 1명일 때는 1명 분의 하인이고 2명일 때는 반명 분밖에 안되고 3명일 때는 없는 것과 같다.
　　　　　　　　　　　　　　　－ 폴란드 격언

영주 부인의 알몸 시위

유럽에서는 몰래 여체를 훔쳐보기를 즐기는 변태적인 남자를 '톰 같은 녀석'이라고 한다. 왜 하필이면 톰이 그런 불명예를 뒤집어쓰게 되었을까? 여기에는 그럴 만한 사연이 있다.

11세기에 영국에서 있었던 일이다. 백성들로부터 많은 세금을 뜯어내는 고약한 영주가 있었다. 곡식과 돈을 모두 세금으로 빼앗긴 백성들은 헐벗고 굶주리면서 영주를 원망했고 이를 본 영주의 부인은 불쌍한 백성들 편에 서서 남편에게 "세금을 줄일 수는 없겠느냐"고 청하자, 영주는 "당신이 벌거벗은 몸으로 말을 타고 거리를 한바퀴 돈다면 세금을 줄여 줄 수 있다"고 대답했다.

그러자 젊은 부인은 부끄러움을 무릅쓰고 벌거벗은 몸으로 말을 타고 거리를 한바퀴 돌았다. 이때 백성들은 영주 부인의 뜻이 너무도 고마워서 모두 창문을 닫고 일부러 내다보지 않았는데 유독 톰이라는 청년만 이를 몰래 훔쳐보았다는 것이다.

외 식

회사에서 고된 일과를 마치고 남편이 돌아오자 부인이 현관에서 남편을 상냥하게 맞아들였다.

"여보, 당신 몹시 지치고 시장해 보이는 구려. 여보, 맛있는 비프스테이크와 구운 옥수수, 싱싱한 야채를 먹고 아이스크림으로 입가심하는 거 어때요?"

부인이 작은 소리로 물었다.

"난 싫어."

남편이 대답했다.

"피곤해서 꼼짝도 하기 싫어. 그냥 집에서 먹자구."

완벽한 연기

수종이는 새로운 영화의 주인공을 찾는다는 포스터를 접하고 영화배우가 되기로 결심했다.

면접하는 날 수종이가 영화사에 도착해보니 지원자가 이미 벌떼처럼 모여 있었다.

다행히 앞번으로 면접을 하게 된 수종이.

면접간은 수종에게 가장 잘 할 수 있는 연기를 해보라고 주문을 했다.

잠시 생각한 수종이는 갑자기 문 밖으로 뛰어나가더니 기다리던 사람들을 향해 소리쳤다.

"오늘 면접은 끝났습니다. 돌아가세요."

체인점

흥국이가 육교를 건너가는데 거지가 두손에 모자를 든 채 구걸을 하고 있는 것이 보였다.

그 옆을 지나가던 흥국이가 왼쪽 모자에 동전을 넣으며 거지에게 왜 모자를 두개나 들고 있느냐고 물어보자, 거지 왈,

"장사가 번창해서 체인점을 하나 더 냈어요."

하는 것이었다.

빈털털이의 사랑

남자,

"나는 이제 망했어. 돈도 다 떨어졌고 직장도 잃어버렸어. 주머니에 단돈 1달러도 없단 말야. 그래도 당신만은 나를 사랑해 주겠지?"

여자,

"그럼 사랑하고 말고요. 앞으로 다시는 당신을 만나지 못하게 되더라도 계속 당신을 사랑할께요."

명사들의 연애관

✤ 연인과의 사랑이 싹틀 때까지는 미모란 간판으로서 필요한 것이다.　　　　　　　　　　　　　－ 스탕달

✤ 어느 정도인가 계산되는 사랑은 오히려 빈곤한 것이다.　　　　　　　　　　　　　－ 셰익스피어

✤ 사랑이란 모여드는 구름 속에 묻혀 있는 하나의 별과 같은 것이다.　　　　　　　　　　　　－ 하이네

✤ 결혼을 약속하지 않으면 연애를 하지 않겠다는 것은 소설을 맨끝에서부터 읽는 것과 똑같다.　 － 몰리에르

✤ 연애, 그것은 마음의 중병이다.　　　　－ 폴란드 격언

✤ 짧게 웃고 길게 우는 것, 그것이 연애다.　　－ 가이벨

✤ 분별이 먼저 서게 되면 사랑은 늦어진다.　－ 발자크

영구의 교생실습

사범대학을 다니던 영구가 4학년이 되자 여자 고등학교로 교생 실습을 나가게 되었다.

교생을 나가 첫 수업이라서 한껏 긴장한 영구가 칠판에 뭔가를 쓰고 있는데 맨 뒷줄에 앉아 있던 두 학생이 갑자기 싸우는 소리가 들렸다.

"무슨 일이죠?"

그러자 그 중의 한 여학생이 눈치를 살피며 말했다.

"글쎄, 얘가요. 자꾸만 제가 선생님을 닮았다고 놀리잖아요."

영구는 영문을 모르겠다는 표정으로 그 여학생에게 물었다. "그래서 그게 어쨌단 말이지?"

그러자 그 여학생이 화를 벌컥내며 말했다.

"아니, 그럼 제가 생기다 말았단 말이예요?"

공산당은 싫어요

만득이가 일주일째 굶고 방바닥에 누워 있는데 무장공비들이 나타났다.

일주일을 굶어 정신이 아찔아찔한 만득이를 보고 공비는 불쌍하다는 생각에 그들이 가지고 있던 콩사탕을 모아서 만득이에게 건네 주었다.

그러자 만득이가 말하기를,

"전 콩사탕은 싫어요."

이 말에 화가 치민 공비는 총을 쏴서 만득이를 없애 버렸다.

고마운 친구 같으니

"내 마누라가 나하고 친한 친구랑 눈이 맞아서 도망가 버렸어. 지난주에 말야."

"그으래? 그 친한 친구라는 게 어떤 녀석이야? 말해. 내가 죽여 버리겠어."

"아냐. 죽이지마. 그 친구가 누군지는 모르겠는데 어쨌든 나로서는 고마운 친구야."

인간은 자기가 행복하다는 것을 알지 못하기 때문에 불행한 것이다.

야간 경비원

"오 내 사랑하는 이여! 나는 당신을 사랑한다오. 나는 매일 밤 당신 생각에 잠을 이루지 못한다오."

"그래요? 그렇다면 우리 아버지한테 부탁해서 우리 아버지 회사의 야근 경비원으로 취직시켜 달라고 부탁하지 그래요?"

사랑이 있기 때문에 세상은 항상 신선하다,

예물교환

여기는 예식장.

"신랑, 신부 예물 교환 순서입니다."

그런데 신랑이 가는귀가 먹은 데다 긴장한 탓으로 사회자 말을 못 들었다. 주례가 조그만 목소리로,

주례: 여보게 신랑, 예물 교환이야. 신부에게 반지를 끼워줘.

신랑: 뭐라구요? 안들려요!

주례: 반지! 반지 끼워줘!

그래도 신랑이 못 알아들었다. 답답해진 주례가 손가락을 동그랗게 만들어서 반지 끼는 시늉을 했것다. 그러자 신랑 녀석 큰소리로,

신랑: 네에? 여기서 그짓을 하란 말예요? 에이, 주례님도 주착이 십니다. 여기서 어떻게 해요?

나만 가지고 신경질이람

"자네 부인은 항상 신경질을 많이 부리고 자네한테 바가지를 긁어 대더니만 요새는 조용한 것 같은데 어째서 그런가?"

"아, 그거 아주 간단하게 해결했지. 의사한테 한마디만 해달라고 부탁했거든."

"어떻게?"

"의사가 우리 마누라한테 말하기를 너무 신경질을 부리면 남편의 정력이 떨어져서 사랑을 못해줄 뿐만 아니라 신경질이 심하다는 것은 그만큼 늙었다는 증거라고 했단 말야."

엎질러진 물

　중국 춘추시대 제(齊)라는 나라가 있었다. 기원전 1123년에 창건된 이나라는 지금의 산동성 일원을 영토로 하고 있었다. 나라를 처음 일으킨 사람은 강상이며 후세 사람들은 그를 강태공이라 불렀다.

　강택공이 젊었을 때의 일이다. 그는 낮이나 밤이나 책만 읽는 무능하기 짝이 없는 남편이었다. 그로서는 때가 오기를 기다리는 것이었으나 그 깊은 속마음을 헤아리지 못한 아내는 남편을 버리고 친정으로 돌아가 버렸다.

　얼마 뒤 주나라의 무왕을 도와 은나라를 멸한 강태공이 제나라의 왕이 되자 친정으로 갔던 아내는 돌아와 다시 부부가 될 것을 원했다.

　그러나 강태공은 마당에 물을 쏟고 아내더러 그 물을 다시 그릇에 담으라고 했다. 아내가 물을 담지 못하자

　　"엎질러진 물은 다시 그릇에 담지 못하는 법"이라고
말했다.
　　'이수분불반(覆水盆不返)'이라는 격언은 이렇게 해서
생긴 것이다.

대다수의 사람은 생각할 겨를도 없이 결혼을 하고
남은 평생을 후회 속에 살아간다.

70대 초반

손녀딸이 학교가 파하고 여자친구를 한명 데리고 집으로 왔다. 그 여자친구는 아주 예쁘고 무지무지하게 매력적이었다.

마침 집에는 손녀딸의 할아버지가 응접실에 앉아 있었기 때문에 소개를 했다.

"인사드려, 우리 할아버지셔. 그리고 연세가 70대셔."

그러자 그 할아버지가 재빨리 말하기를,

"아가씨 잊지 말아요. 70대지만 70대 초반이라우."

어두워서 안보여요

아주 엄격한 아버지가 있었는데 딸을 꼼짝 못하게 했고 데이트를 하러 나가지도 못하게 했다.

그도 그럴 수 밖에 없는 것이 딸이 워낙 남자애들 한테 인기가 있으니 신경이 쓰일수 밖에~.

그런데 어느 날엔가 하는 수 없이 조건부 데이트 허락을 했는데, 남자애를 집으로 데리고 들어와 손님을 맞이하는 방에서 놀게했다. 놀기는 놀되 9시가 되면 남자애를 내보내는 조건이었다.

그런데 밤 11시가 되었는데도 그 남자애는 집으로 가지를 않는 것이 아닌가. 그래서 화가 난 아버지가 이유를 물었다.

"아빠, 시간이 그렇게 늦었는줄 몰랐어요!"

"거짓말 마! 벽에 커다란 시계가 걸려 있는데 신간을 몰랐다는게 말이 되냐?"

"하지만 아빠, 깜깜한데서는 시계가 보이지 않는걸요!"

결 혼

✿ 결혼이란 어떠한 나침반을 가지고도 정확한 항로를 발견하지 못하는 험난한 항해와 같은 것이다. - 하이네

✿ 결혼생활에서 가장 필요한 것은 인내다. - 체홉

✿ 밤에 제일 먼저 자고 아침에 제일 늦게 일어나는 남편은 행복한 결혼생활을 하고 있는 것이다. - 발자크

✿ 결혼을 하는 것이 좋은가, 하지 않는 것이 좋은가를 묻는다면 결혼은 하든 하지 않든 후회하는 것이라고 대답하겠다. - 소크라테스

✿ 될 수 있으면 빨리 결혼하는 것은 여자의 비즈니스이고, 될 수 있으면 늦게 결혼하는 것이 남자의 비즈니스이다. - 버나드 쇼

✿ 전쟁에 나갈 때는 한 번 기도하고, 바다에 갈 때는 두 번 기도하지만, 결혼 할 때는 세 번 기도해야 한다. - 러시아 격언

부자가 울면…

시골에 살던 일용이가 그의 아들 복남이와 어느날 태어나서 처음으로 서울에 구경을 갔다.

그들은 버스를 탔다.

어린이대공원 앞에서 내리려고 하는데, 어떻게 내려야 되는지 도무지 알 수가 없었다.

일용이와 복남이는 버스 안을 이리저리 살펴보더니, 갑자기 울기 시작했다.

버스 창문 바로 위에 이렇게 쓰여 있었다.

"부자가 울면 문이 자동으로 열립니다."

과외 선생님 만득이

　과외선생님이 된 만득이가 두 명의 여학생을 맡아 가르치게 되었다.

　하루는 과제를 냈는데 한 여학생은 반만 또 다른 여학생은 하나도 해오지 않았다.

　그래서 만득이는 둘 다 공평하게 10대를 때렸다.

　그러자 숙제를 반만 한 여학생이 눈을 부릅뜨고 찢어지는 목소리로,

　"저는 반을 해왔는데 왜 똑같이 10대씩 때리는 거예요?"라고 말하자,

　한참, 심각한 얼굴을 한 만득이,

　"미안해."

부자와 거지

어떤 부자가 잘난 체하고 가난한 형기에게 말했다.

"모두들 나만 보면 쩔쩔매고 아양을 떠는데, 형기 자네는 왜 못 본 체하는가?"

그러자 형기가 말했다.

"당신이 부자건 아니건 나와는 아무 상관도 없소. 그런데 왜 내가 굽신거려야 하는거요?"

"만일 내가 형기 자네에게 재산의 반을 준다면 자넨 나에게 굽신대겠는가?"

"반을 준다면 당신과 나는 똑같은 부자가 아니오. 왜 당신한테 굽신거려야 하는 거요?"

"그러면 만일 형기 자네에게 재산을 전부 준다면 자네는 나에게 굽신거릴텐가?"

"그 때는 당신이 빈털터리이고 나는 큰 부자가 되는 거 아니요. 그러니 당신한테 굽신거릴 이유가 없지 않소."

별 명

고등학교에 다니는 흥국이 반에 대학을 갓 나온 여선생님이 첫 수업시간에 자기 소개를 했다.

"대학교때 내 별명이 살모사예요, 떠들거나 장난은 용서하지 않겠어요."

그러자 바로 흥국이가 대답했다.

"제 별명은 땅꾼입니다."

피장파장

한 젊은 부인이 담배를 피워 물고 있는 맹구에게 다가 오더니 마구 꾸짖었다.

"이봐 젊은이, 아직 어린 것 같은데 담배 피는 것을 어머니가 알고 계신가?"

그러자 맹구가 대꾸를 했다.

"부인, 부인께서 이 늦은 시간에 낯선 남자와 얘기하고 있는 걸 남편께서 알고 계신지요?"

돈벌기

민수네 경제학 교수는 강의중에 학생들과 토론하기를 좋아한다.

그는 책상 사이를 오가며 손 드는 학생이 없나 둘러보기도 하고 아무 학생에게나 질문을 던지기도 했다.

어느 날 정부의 통화량 억제방법에 관해 강의를 하면서 그 교수는 강의실 안을 왔다갔다하며 이렇게 물었다.

"더 많은 돈, 나는 더 많은 돈이 필요합니다. 더 많은 돈을 얻기 위해서 내가 할 수 있는 일을 무엇입니까?"

아무 대답이 없다가 민수가 대답했다.

"아버지한테 전화하면 됩니다."

90살과 19살

90살이 된 할아버지가 외로운 나머지 돈의 위력으로 19살짜리 처녀를 아내로 맞아들였다.

결혼식을 끝낸 첫날밤,

90살 신랑이 처녀에게 물어봤다.

"아가야, 첫날밤에 뭘 어떻게 하는 건지, 너는 아니?"

19살 신부가 부끄러워서,

"아뇨, 몰라요."

"아니, 엄마가 어떻게 하라고 안 가르쳐 주던?"

"아뇨, 안 가르쳐 줬어요."

"이거 큰일 났구나. 난 다 잊어버렸는데."

여자의 도리

여자가 지켜야할 도리(道理)가 무엇이냐?
아랫도리다.

가난하다는 말은 너무 적게 가진 사람을 두고 하는
말이 아니라 너무 많이 바라는 사람을 두고 하는 말
이다.

누드촌

   그의 집은 고속도로 바로 옆에 위치해 있었다. 모든 자동차들이 어찌나 쌩쌩 달려가는지 시끄럽기도 할 뿐 아니라, 도대체 공해 때문에 살 수가 없었다. 게다가 그의 가족들이 항상 위험을 느껴야 했고 그가 기르는 가축들은 길을 건너다가 희생을 당할 위험에 처하기도 했다.

   머리를 짜내어서 한가지 묘책을 쓰기로 했다. 고속도로 옆에다가 커다랗게,

"누드촌 지역임. 천천히 운전요망."

그 다음날부터 쌩쌩 달리는 차는 하나도 없었다.

기차를 기다린다우

새로 집을 지어서 이사를 갔는데 기차만 지나가면 집 전체가 흔들려서 잠을 잘 수가 없었다. 그 부인이 건축자한테 강력하게 항의를 했다.

건축자는 그럴리가 없다고 했지만 부인이,

"그렇다면 직접 와서 확인을 하자."는 바람에 그 부인의 집으로 갔다.

부인은 건축자 보고 자기 침대에 올라가서 누워 있어 보라고 했다. 그러다가 기차가 지나가면 그 진동을 느껴 보라는 것이다.

하지만 남의 부인 침대에 올라갈 수가 없어서 머뭇머뭇하고 있었는데 부인이 워낙 강력하게 올라가라고 하는 바라에 하는 수 없이 침대 위에 올라가 누워서 기차가 지나가기를 기다리고 있었다.

그런데 하필이면 그 순간에 그 부인의 남편이 집에 들어와서 웬 남자가 자기 마누라 침대에 누워 있는 것을 봤것다.

"얌마! 너 지금 내 마누라 침대에 누워서 뭐하는 거
야?"

건축자 하는 말이,

"제가 지금 기차를 기다리고 있다면 믿어 주시겠소?"

여 행

　이집트로 여행하고 있는 만득이가 마침 스핑크스와 피라미드를 구경하게 되었다

　변함없이 스핑크스는 만득이에게도 문제를 냈다.

　"아침에는 네발, 점심에는 두발, 저녁에는 세발인 것이 무엇이냐?"

　만득이는 너무도 쉽게 답을 맞췄다.

　"사람."

　이 대답을 들은 스핑크스가 놀라며

　"하는 수 없지. 자, 지나가라"고 했다.

　그러자 만득이는 스핑크스 앞을 지나가면서 말했다.

　"고맙다. 스컹크야!"

외판원

백과사전 외판원이 만득이네 집을 방문했다.

만득이 엄마는 딱 잘라 거절하려고 하는데 옆에 있던 만득이가 관심을 보이자 외판원이 용기를 냈다.

"이 책 한 질을 사시면 아드님 공부에도 도움이 됩니다, 부인. 얘가 무얼 물어보아도 금방 해답을 찾아낼 수 있으니까요."

하며 만득이를 내려다보고 싱긋 웃었다.

그리고 만득이에게 물었다.

"애야, 내게 무엇이든 질문을 해봐. 그럼 이 책에 나와 있는 내용들이 얼마나 도움이 되는가를 엄마에게 보여 들릴테니."

만득이가 잠시 생각하더니 물었다.

"하나님은 어떤 자동차를 타고 다니시죠?"

계속 휘둘러

권투선수가 코치에게,

"죽어라고 주먹을 내리쳤는데도 상대방 녀석이 쓰러질 생각을 안하니 이럴 땐 어떻게 하죠?"

코치 하는 말이,

"글쎄 말이다. 나도 모르겠다. 하지만 계속해서 팔을 휘둘러라. 바람 때문에 폐렴이라도 걸려서 그 망할 자식이 죽을 수도 있으니까, 계속 휘둘러!"

형제 사이도 돈 앞에서는 타인이다.

경험부족

어떤 부인이 속옷을 사러 백화점에 가서 실크로 된 속옷을 몇가지 골라가지고 계산대로 갔다.

남자 점원은 계산기로 옷값을 계산한 다음 옆에서 봉투에 담는 아르바이트를 하는 만득이에게 넘겼다.

만득이는 거기서 아르바이트를 시작한 지 몇 일밖에 되지 않았다.

만득이는 옷걸이에 걸린 속옷을 벗겨 내면서 좀 민망했던지 얼굴이 붉어졌다.

만득이는 속옷이 잘 벗겨지지 않자 머뭇거리면서 점원을 보며 물었다. "이거 어떻게 벗기는 거죠?"

점원이 대답했다. "때가 되면 알게 될 거야. 때가 되면 알게 된다구."

치료법

갑돌이가 갑자기 먹기만 하면 먹은것이 그대로 대변으로 나오는 병에 걸렸다.

바나나를 먹으면 바나나가, 진밥을 먹으면 진밥이 항문을 통하여 고스라니 나오는 것이다.

갑돌이는 배가 고파서 견디다 못해 친하게 지내는 갑순이를 찾아갔다.

그리고는 자기의 병에 대해 설명했더니, 갑순이는,

"그렇다면 항문으로 먹고 입으로 일을 보도록 해보슈." 했다.

그래서 갑돌이는 돌아와 갑순이가 말한대로 항문에다가 밥을 쑤셔넣어 보았다.

그리고 나서 화장실로 가 입으로 대변을 보았던니 놀랍게도 대변이 나오는 것이다.

갑돌이는 갑순이가 굉장히 고마웠다.

그래서 다음날 아침 갑순이를 찾아가 고맙다는 말을 하고 나서 돌아서서 가는데 갑돌이가 엉덩이를 실룩실룩 흔드는 것이다.

갑순이는 하도 웃겨서 갑돌이에게 아까부터 왜 자꾸만 엉덩이를 실룩실룩 흔드녀고 물었더니 갑돌이 왈,

"지금은 껌 씹는 중입니다."

방 탕

만득이는 학교 숙제로 바이런에 관해 공부하다가 아버지에게 "방탕"이 무슨 뜻이냐고 물었다.

아버지는 머뭇거리며 얼른 대답을 못했다. 사실 만득이의 아버지는 영국시인에 대해 아무런 지식을 가지고 있지 않았기 때문이다.

"아빠, 여기에는 이렇게 씌어 있어요."

만득이가 책을 읽어 내려갔다.

"바이런은 아내와 정식으로 이혼한 뒤 이탈리아로 건너가 방탕한 생활에 빠졌다. 이게 무슨 말이죠?"

"그 말의 의미를 네가 지금 알아야 할 필요가 없을 것 같다."

"하지만 아버지, 꼭 알아야 돼요."

"그건 말야, 그는 이탈이아에 있을 때 나쁜 사람이었다는 뜻이야."

"아, 알았다. 고마워요. 아빠."

만득이는 얼굴에 짓궂은 웃음을 띠며 고개를 끄덕였다.

만득이가 숙제로 쓴 글에는 두 줄이 특히 눈에 띄었다.

"바이런은 아내와 헤어진 후 이탈리아로 건너가서 재미를 보았다."

희망은 가난한 사람들의 빵이다.

지옥과 천당

설교를 할 때마다 앞줄에 앉아서 조는 사람이 보이자 목사는 약이 올랐다.

어느 일요일 예배시간에 맨 앞줄에 앉은 그 사람이 또 코를 골자 목사는 이번에야말로 단단히 혼을 내줘야겠다고 별렀다.

그가 작은 목소리로,

"천당에 가고 싶은 사람들은 일어나십시오."

하고 말하자 코를 골고 있던 맹구만 빼놓고 모두가 자리에서 일어났다.

목사는 다시 작은 목소리로,

"모두들 앉으십시오."

하고 말한 다음 한껏 목청을 돋구어,

"지옥에 가고 싶은 사람은 일어나십시오!"하고 소리를 질렀다.

잠에 떨어져 있던 맹구는 깜짝 놀라서 벌떡 일어나 보니 목사가 화가 잔뜩 난 얼굴을 해가 지고 설교단에 서 있었다.

그러자 맹구 왈,

"저, 목사님. 지금 무엇에 대한 찬반표시를 하고 있는 건지는 모르겠지만 목사님과 저만 찬성을 하고 있는가 보죠."

비밀은 없다

"우리가 같이 잤다는 것을 비밀로 지킬 수 있어?"

"물론, 나는 지킬 수 있어. 한데 내가 영자한테 얘기했을 때 개가 비밀을 지켜줄지 그게 의심스러워."

쥐가 달아나다

"당신 부인이 아름답습니까?"

"아름답냐구요? 제기럴, 우리 마누라가 어떻게 생겼는지 얘기 할테니 들어 보구려. 쥐새끼 한마리가 나타났다가 우리 마누라를 보는 순간 기겁을 하고 껑충 뛰어서 테이블 위로 올라갑디다."

팔이 부러졌다

의사를 찾아갔다. 정력이 너무 약해서 마누라를 즐겁게 해주지 못하는데 처방을 해달라고—.

매일 아침 레몬을 다섯개씩 쥐어짜 가지고 쥬스를 만들어 마시라고 의사가 처방을 내려주었다.

일주일 후 환자가 다시 의사한테 왔다.

"어때요? 내가 하라는 대로 했나요?"

의사가 물었다.

"하긴 했수다. 그런데 당신한테 치료비를 받아가야겠수다."

"치료비요? 무슨 치료비?"

"매일 아침 레몬을 쥐어짜다가 두손이 모두 부러졌단 말요!"

뭐든지 한다구?

매혹적인 몸매의 여대생이 시험이 끝난 후 아슬아슬한 치마를 입고 교수한테로 와서 아양을 부렸다.

"오늘 시험 결과가 신통치 않은 것 같아요. 교수니임, 낙제를 면하기 위한 것이라면 무엇이든지 할께용."

교수는 눈을 가늘게 뜨고 속삭였다.

"학생, 뭐든지 하겠다구?"

"그럼요, 말씀만하세요."

"그럼, 공부해요."

자장가

　형기는 항상 굵직하고 쩌렁쩌렁 울리는 자신의 목소리를 자랑스럽게 생각하고 있었다.

　한번은 친척집 아기가 형기네 집에 왔다가 갑자기 큰 소리로 울기 시작하자 형기는 자장가를 불러주기로 했다.

　몇 소절을 부르고 있는데 이웃 집에서 짜증스런 고함 소리가 들려왔다.

　"차라리 어린애가 울게 놔둬욧!"

복 수

방실이가 학교 축제에 초대가수로 파티에 참석하자 남학생들이 그 주위를 에워쌌다.

한껏 멋을 부리고 온 흥국이가 용기를 내서 말을 걸었다.

"저, 다음 곡에 제 파트너가 좀 돼주십시오."

방실이는 거만한 표정으로 흥국이를 힐끗 바라보며 말했다.

"미안합니다. 난 덜생긴 사람과는 춤추고 싶지 않은데요."

그러자 흥국이가 큰 소리로 말했다.

"실례했습니다. 당신이 임신중인지 몰랐어요."

뛰는 놈 위에 나는 놈

아주 노랭이 농장주가 있었는데 그는 일꾼이 밥을 먹기 위해 시간을 허비하는 것이 눈에 거슬렸다.

어느 날 아침 식사 후 그는 일꾼들에게 말했다.

"여보게, 밭에서 일하다가 다시 들어와서 점심을 먹으려고 몸을 씻고, 밥을 먹고 하는 것이 귀찮지 않은가? 아예 점심을 지금 미리 먹고 시간을 아끼는 것이 어떻겠나?"

일꾼들은 그러자고 했다. 농장주인의 아내가 많은 음식을 가져왔고, 모두들 다시 식사를 했다.

점심을 다 먹고 난 후에 인색한 그 농장주인이 이번에는 이렇게 말했다.

"여보게, 이왕에 먹는 김에 우리 저녁까지 다 먹어 버리는게 어떨까?

이번에도 여러 음식을 내왔다. 일꾼은 그것도 먹어 치웠다.

"자, 이제 세 끼를 다 먹었으니 들에 나가 하루 종일 쉬지 않고 일할 수 있게 됐군."

농장주인이 말했다.

"천만에요, 저는 저녁을 먹은 다음에는 일을 하지 않습니다."

일꾼 중 일용이가 대답했다.

사랑이란 서로 마주보는 것이 아니라 서로가 같은 방향으로 밖을 내다보는 것이다.

남편과 여비서

"우리 남편이 여비서하고 바람을 피우고 있단다, 글쎄."

"아이구 저런! 그럼 왜 파면시키라고 남편한테 얘기하지 그러니?"

"아냐. 난 지금 다이아몬드 목걸이가 하나 더 필요하단 말야."

사랑은 끝없는 신비이다, 설명할 수 있는 게 전혀 없으니까.

여자가 더 좋아

어떤 세일즈맨이 회사 사장한테 컴퓨터를 팔려고 무진 애를 쓰고 있었다.

"이 컴퓨터를 사들여 놓으면요. 여자 사원 5명이 하는 일을 혼자서 모두 처리할 수 있걸랑요."

사장 대답,

"여보슈, 난 차라리 여자가 더 좋걸랑요."

임신한 남자

몸이 불편한 남자가 병원에 종합진찰을 받으러 갔다.

오줌을 시험관에 받아 가지고 간호사한테 갖다 주었는데 간호사가 실수로 쏟아버렸지 뭔가.

다시 받아 오라고 하기도 미안하고 해서 간호사가 다른 사람 오줌을 적당히 반씩 나눠서 담아 놓았거든.

그런데 하필이면 그 오줌이 여자 환자한테서 나온거였든 모양.

남자 차례가 되어서 의사 앞에 앉아 있는데, 이 의사가 고개를 갸우뚱 갸우뚱하면서 자꾸만 오줌하고 환자를 번갈아 쳐다 보는 거야.

환자 : 선생님, 왜 그러십니까? 제가 어디 아주 나쁜 곳이라도 있나요?

의사 : 거, 이상하다. 내가 의사생활 30년에 이런 경우는 처음인데… 당신 임신이오, 지금.”

환자: 네엣? 아이구 큰일났구나. 내 이럴줄 알았어. 그
    년이 자꾸만 위에서 하겠다고 그러더니 기어코
    날 임신시켰구나!"

식인종의 후회

식인종이 며칠을 굶고 나니까 배가 고파서 견딜 수가 없었다.

그때 마침 아주 예쁜 여자애가 하나 지나가는 것이 아닌가? 무조건 붙잡아서 죽여 가지고 배를 채웠다. 배가 부르고 나니까 후회 막심.

혼자 중얼거리기를,

"아휴, 잘못했네. 먹고 먹을걸!"

미니스커트의 두 얼굴

"미니스커트는 두 가지의 얼굴을 가지고 있는데 뭔지 아냐?"

"두 가지 얼굴이라니? 그게 무슨 소리야."

"미니스커트가 짧으면 짧을수록 사람들은 더 길게(오래) 쳐다본다, 그말이다."

모든 일은 계획으로 시작되고, 노력으로 성취되며, 오만으로 망친다.

내 아들 살려 내라구

어느 날 일용이가 기차를 몰래 탔다.

자리에 앉아서 돈 안내고 몰래 탄 것에 너무 기뻐하면서 흐뭇한 미소를 짓고 있었다.

그런데 아이고! 승무원이 표를 검사하는 것이다.

승무원이 가까와지자 일용이는 당황해서 뒷칸으로 도망을 갔다.

승무원은 이상히 생각하고 일용이를 쫓아갔다.

일용이는 한칸씩 도망을 가다가 결국 기차 끝까지 이르렀다.

기차 끝에서 불쌍하게 쭈그리고 앉아 떨고 있는데, 승무원이 차표를 보자고 했다.

일용이는 없다고 했다.

승무원이 화가 나서 일용이가 갖고 있던 가방을 빼앗아 기차밖으로 힘껏 던져버렸다.

그러자 갑자기 일용이가 불그락푸르락한 얼굴로 외쳤다.

"복남아!"

수영 금지 구역

어느 날 갑순이가 시골 저수지에서 옷을 벗고 수영하고 있었다.

그런데 그곳으로 경찰근무지를 발령받은 갑돌이가 다가와서 수영을 못하게 했다.

갑돌이 : 죄송합니다, 아가씨. 여기 이 저수지는 수영 금지구역입니다.

갑순이 : 아니, 그러면 제가 옷을 벗기 전에 말을 해 줘야지요. 옷을 벗는 것을 빤히 보고도 가만 있다가 옷을 다 벗은 다음에야 그런 말씀을 하십니까?

갑돌이 : 제가 제재할 수 있는 것은 이 저수지에서 수영을 못하게 하는 것뿐이지 옷까지 벗지 못하게 할 권리는 저에게 부여되어 있지 않은 걸 어떻게 합니까?

잘못 가리킨 소

어느 먼 옛날에 영구가 산에서 나무를 하고 있었다. 그때 갑자기 선녀가 나타나 그에게,

"옷이 찢어져서 그러는데 좀 도와 주세요."

라고 말했다.

그러자 영구는 집에가서 바늘과 실을 가져다 찢어진 옷을 꿰매 주었다.

너무도 고마운 선녀는 영구에게 그 보답으로 세가지 소원을 들어 줄테니 말해 보라고 했다.

그러자, 그는

"유덕화처럼 잘 생기게, 람보처럼 멋있는 근육을 주세요."라고 했다.

그리고 끝으로 그는 항상 컴플렉스였던 그곳(?)을 저기 있는 소의 그것만큼 크게 만들어 달라고 부탁했다.

선녀는 그의 모든 부탁을 들어주고는 사라지고, 너무도 기분이 좋은 영구는 마을로 내려갔다.

그러자 동네 처녀들이 그의 변한 모습에 푹 빠져 버렸
다. 영구는 자신의 멋진 근육을 자랑하기 위해 웃통을 벗
어 던지자 처녀들은 기절할 듯이 좋아하는 것이 아닌가!

그래서 그는 급기야는 바지까지 벗어 던졌다.

그랬더니 그 순간 동네 처녀들은 기절초풍을 하고 말
았다.

그에 놀란 영구는 자신의 그곳을 보고는 너무 기가 막
혀 선녀에게 따지려고 다시 산에 올라갔다.

그리고는 선녀에게 항의를 했다.

그러자 선녀왈,

"니가 가리킨 소는 암소야."

선생님 너무해요

선생님이 매일 지각을 하는 맹구를 교무실로 불러 꾸중을 하고 있었다.

"너는 어떻게 된 애가 하루도 안빼고 지각이니?"

그러나 맹구는 반성의 기색은 고사하고 원망스러운 투로 말했다.

"선생님, 너무 하세요."

선생님이 기가막혀 물었다.

"아니 그래도 할말이 있어?"

그러자 맹구는 출석부를 가리키면서 말했다.

"그럼요. 자, 이것 좀 잘 보세요. 제가 언제 매일 지각만 했어요. 결석도 가끔했다구요."

큰배 작은배

흥국이 가족들 모두 동해안 해수욕장에서 휴가를 즐기고 있었다.

너울거리는 갈매기들 사이에 큼직한 고깃배가 나타나자 5살짜리 흥국이가 물었다.

흥국이 : 엄마 배를 영어로 뭐라고 해?

엄마 : 응, '십(ship)'이라고 하지. (모터 보트를 가리키며) 그런데 흥국아, 저기 씽씽 달리는 조그만 배를 뭐라고 하는지 알아?

흥국이 : 음, 알았다. 큰배가 '십'이니까 작은배는 '십새끼'지 뭐.

사장의 휴가

회사 여직원이 다른 여자친구한테 물었다.

"너희 회사에서 너는 휴가를 몇주일이나 얻니?"

"공식적으로는 3주일이지만, 6주일간 휴가를 갖는단다."

"그건 어째서 그런데?"

"내가 3주일 휴가를 갖고 우리 사장이 3주일 휴가를 갖걸랑."

히프를 흔들며

"남자들이 대머리가 되는 이유는 끊임없이 두뇌를 쓰기 때문이라는 통계가 나왔데."

"그건 맞는 말인데 그렇다면 여자들의 엉덩이가 남자들보다 더 큰 것은 왜 그래?"

"그건 여자들의 끊임없는 히프의 움직임 때문에 그렇겠지."

촛불이 꺼지면 여인은 모두 아름다운 법이다.

어명이요

대발이가 타임머신을 타고 조선 시대로 날아가 이조판서가 됐는데 왕이 채신머리 없이 매일 코를 후비는게 아닌가.

성격이 대쪽 같은 대발이는 즉시 상소를 올렸다.

"삼감마마, 체통을 생각하셔서 제발 코 후비는 것만은 그만 두시옵소서."

그러자 왕이 대발이를 불러,

"이조판서도 한 번 해보게나. 얼마나 재미있는지 아나?" 하고 말했다.

이말을 듣고 대발이가 집에 와서 자기도 코를 후비자 부인이, "대감, 체통을 지키세요." 하고 화를 냈다.

부인의 말에 대발이는 근엄한 표정으로 말했다.

"어명이요."

진짜 아빠

　홍국이가 팔장을 낀 채 어슬렁거리며 길을 걸어가고 있었다.

　얼마를 걸었을까?

　저 앞쪽에서 싸우는 소리가 들려왔다.

　전봇대 옆에서 두 남자가 치고 받고 굉장하게 싸우는 모습을 발견했다.

　그리고 그 옆에서는 한 꼬마 아이가 아빠를 계속 부르면서 울고 있는 것이었다.

　그래서 마음씨 착한 홍국이는 싸움을 말리기 위해 그곳으로 가까이 다가가 옆에서 울고 있는 꼬마에게 물었다.

　흥국이 : 꼬마야, 울지말고 누가 너희 아빠시니? 아저씨가 싸움 말려 줄테니까 얘기해 봐.

　하며 꼬마에게 묻자, 꼬마가 하는 말,

　꼬마 : 엉엉 사실은요, 바로 그것 때문에 저렇게 싸우고 있단 말이예요.

영영 볼 수 없는 사람이기에

아주 나이 많은 목사가 있었다.

그런데, 병이 나서 아무도 면회할 수 없을 정도로 위독하였다.

"아, 그 친구만은 꼭 만나고 죽어야 할 텐데…"

목사는 그 와중에도 한 무신론 친구를 찾아갔다.

그 친구는 너무도 놀라서 눈이 휘둥그래지며,

"아니, 이게 웬일인가? 면회하기도 힘든 자네가 날 찾아주다니 정말 뜻밖이군. 그런데, 가까운 친지들은 다 만나 보았겠지?"

"아니네."

"그럼 왜 나를 찾아왔는가?"

"내가 마지막으로 자네를 보러온 이유는 다른 친척이나 친구는 천당에 가면 다시 만날 수 있지만, 자네는 오늘이 아니면 영영 다시 볼 수 없을 것 같기에 이렇게 찾아 왔네."

할머니의 재치

한 남자가 시냇물이 흐르는 작은 돌다리를 건너가고 있었다. 그런데, 갑자기 앞으로 넘어질 정도로 심하게 재채기를 했다.

"어, 이를 어떡해?"

그 남자는 재채기를 하다가 틀니를 시냇물에 풍덩 빠뜨리고 말았다.

"틀니가 없으면 아무것도 못하는데…."

그는 체면이고 뭐고 할것없이 신발을 벗고 바지를 걸어 올리고는 틀니를 찾아 물속으로 들어갔다.

바로 그 때, 음식이 가득한 바구니를 머리에 이고 가던 할머니가 이 모습을 보게 되었다.

"내가 잃어버린 물건을 찾아주리까?"

할머니는 이내 바구니에서 닭다리를 꺼내서

끈으로 묶어 틀니가 빠진 곳에 던졌다.

"어, 어? 저게 뭐야?"

닭다리를 꽉 문 틀니를 안전하게 건져 올렸다.

모로코가 어디에 있나요?

"너 오늘 학교에서 벌을 받았다며?"

"예."

아들은 아버지의 질문에 고개를 숙이고 대답했다.

"벌은 왜 받았니?"

"선생님이 모로코가 어디에 있느냐고 물으셨는데 알 수가 있어야죠. 그래서…."

아들은 얼굴이 벌개 가지고 고개를 들지 못했다.

아버지는 아들의 말이 떨어지자 마자 큰소리로 말했다.

"그것 봐라. 내가 평소에 뭐라고 했니? 무엇이든지 쓰고 나면 항상 제자리에 갖다 두라고 했잖아. 늘 쓰고는 아무 데나 두니까 그렇게 찾지를 못하지?"

자백을 했소

어느 날, 이집트 정부가 러시아의 고고학자에게 미라를 보냈다.

"이 미라를 연구하여 나이를 밝혀 주시오."

그러나, 이 정보를 어떻게 알았는지 비밀 경찰이 찾아왔다.

"이 미라는 우리에게 맡기시오. 우리가 알아내겠소."

그로부터 얼마 뒤, 비밀경찰은 그 미라의 나이가 3,402살이라고 발표했다.

러시아의 과학자들은 깜짝 놀라며,

"정말 놀랍군. 어떻게 벌써 알아냈지?"

과학자들은 비밀 경찰에게 전화를 하여 물어보았다.

"그것을 어떻게 그리 빨리 알아냈소?"

"아주 간단하죠. 미라가 자백을 했거든요."

내가 안 그랬어요

　어느 날 저녁, 누이는 2층 방으로 자러 가고, 8살짜리 남동생은 아래층에 있는 자기 방으로 갔다.

　그런데, 갑자기 '쾅!' 하며 뭔가 크게 부서지는 소리가 났다.

　"어머머, 이게 웬일이야?"

　너무도 놀라서 벌떡 일어나 밖을 내다보니 아닌 밤중에 이게 무슨 일인가. 글쎄, 큰 트럭이 인도를 뛰어 넘어와서 집을 들이받고는 멈춰 서 있었다.

　"큰일이네. 아래층에 있는 내 동생이 어떻게 됐을까?"

　그녀는 황급히 동생을 큰소리로 불러댔다.

　"상훈아, 상훈아!"

　그러자, 개구쟁이 남동생의 목소리가 들려 왔다.

　"내가 안 그랬어!"

관을 썼다고 글을 아나

글을 읽을 줄 모르는 무식한 양반이 있었다.

어느 날, 이 양반이 관을 쓰고 뜰을 거닐고 있을 때 하인 하나가 다가왔다.

"주인 어른, 이 편지에 뭐라고 써 있는지 알 수가 없어서요…."

하인은 허리를 굽신거리며 편지 한장을 내밀었다.

"내가 그걸 어떻게 아느냐?"

"아니, 관을 쓰신 분이 이 편지를 읽을 줄 모른단 말입니까?"

하인은 눈을 동그랗게 뜨고 말했다.

"그렇다면 네가 이 관을 쓰고 읽어 봐라."

1초만 기다려라

하루는 세상에서 가장 사기를 잘 치는 사기꾼이 하나님과 대화를 나누었다.

"하나님, 인간에게 10억 년이 하나님에게는 1초밖에 안된다면서요?"

"그럼 물론이지."

그러자, 사기꾼은 몹시 흥분된 얼굴로 또 물었다.

"하나님, 하나님. 그렇다면 인간의 10억 원이 하나님에게는 1원밖에 안 되겠네요?"

"당연하지. 그런데 그건 왜 묻지?"

"저, 불쌍한 저에게 1원만 주시면 안 되겠습니까?"

"오라, 너에게 1원을 주라고? 그래, 알았다. 1초만 기다려라."

창피한 줄 알아야지

어느 호텔에서 즐거운 생일 파티가 열리고 있었다. 폭죽을 터뜨리고 시끄러운 음악 소리에 온 정신이 쏙 나갈 정도였다.

그런데, 갑자기 웨이터가 문을 열고 들어 왔다.

"저, 죄송합니다만, 옆방에 계신 손님이 책을 읽을 수 없다고 연락이 왔습니다."

그러자, 파티를 주선한 사람이 앞으로 나오며 말했다.

"책을 읽을 수 없다고요? 나 원 참, 그 사람 창피한 줄 알아야지. 나는 6살 때부터 책을 줄줄 읽었단 말이오."

개 자랑하기

하루는 사냥꾼들이 둘러앉아 이야기를 하고 있었다. 사냥꾼들은 서로 자신의 개가 영리하다고 떠들고 있었다.

"우리 개는 말이죠 얼마나 영리한지 계란을 사러 보내면 상한 계란은 절대로 받아 오지 않는답니다."

옆에 있던 사냥꾼이 질세라 입을 열었다.

"아이구, 우리 개는 담배를 사러 보내면 어떻게 알고 내가 좋아하는 담배를 꼭 집어서 사오는지 모른답니다. 그 뿐만이 아닙니다. 내가 집에서 담배를 피우지 말라고 하면 절대로 피우지 않죠. 이렇게 영리한 개를 본 적이 있습니까?"

그러자 제일 나이가 지긋한 사냥꾼이 천천히 말했다.

"뭐 별로 대수롭지 않은 일 가지고 뭘 그러슈. 우리 개는 당신들의 개들이 물건을 사러가는 그 가게를 운영하고 있다오."

지갑이 없어졌어요

"어? 내 지갑이 어디를 갔지?"

한 남자가 1백만 원이 든 지갑을 찾느라고 정신이 없었다.

"여보, 다시 잘 생각해 봐요. 어디에 있겠죠."

"내가 주머니에다가 넣은 것 같은데?"

"당신, 바지 주머니에다 지갑을 잘 넣잖아요. 바지 주머니를 잘 보세요."

"아니, 없어."

"그럼, 윗도리 주머니를 잘 보세요."

"거기도 찾아봤어."

"윗도리 안주머니도요?"

"거기는 안 찾아보았어요?"

부인은 짜증섞인 목소리로 물었다.

"거기는 왜 안 찾아보았어요?"

"윗도리 안주머니를 찾아보았는데 거기마저 없으면 난 아마 졸도 하고 말 거요."

아빠 고양이지

만원 버스에서의 일이다.

6살된 남자 꼬마 아이가 엄마에게 물었다.

"엄마, 우리집 고양이는 아빠 고양이야, 엄마 고양이야?"

"그야, 물론 아빠 고양이이지."

그러자, 아이는 고개를 갸웃거리며 다시 물었다.

"엄마, 엄마는 어떻게 아빠 고양이인 줄 알아?"

버스 안의 많은 사람들은 갑자기 이쪽으로 귀를 기울였다. 어머니가 어떻게 대답을 할까 모두들 궁금했던 것이다.

어머니는 잠시 생각에 잠기더니 이렇게 말했다.

"그 고양이는 수염이 났잖니."

세상이 하도 불안해서

소매치기 두 사람이 있었다.

"자, 오늘도 한번 일하러 나가볼까?"

그들은 사람들이 많이 붐비는 동대문 시장으로 나갔
다.

그런데, 한 사람이 계속해서 자신의 시계를 보고 또 보
고 하는 것이었다.

이상하게 여긴 다른 소매치기가 물었다.

"이 사람아, 왜 그렇게 자꾸 시계를 들여다보는 거야?
오늘 약속이 있나?"

"약속은 무슨 약속. 아무것도 아니야."

"그런데 왜 자꾸 시계를 봐?"

"아니, 하두 소매치기들이 많아서 내 시계가 잘 있나
보는 거야."

울 이유가 없네요

장 서는 날, 한 농부가 장닭을 사갔다. 그런데, 장닭이 전혀 울지 않는 거였다.

이튿날, 농부는 도로 닭 장사에게 가지고 갔다.

"난 이런 장닭은 처음 봐요. 무슨 장닭이 전혀 울지를 않습니다. 이 장닭을 다른 것으로 바꿔 주시오."

"그럴 리가 없는데요."

닭 장사는 이상하다는 듯이 장닭을 이리저리 살펴보더니 다시 입을 열었다.

"모이는 제때에 주셨습니까?"

"그야, 물론이지요. 하루 세끼를 시간 맞추어서 잘 주었답니다."

"참, 이상하네. 그럼, 그 닭장에 암탉이 있습니까."

"예, 물론 있지요."

"그렇다면 저, 혹시 개가 그 닭장 근처를 얼씬거리지 않나요?"

“개는 전혀 얼씬거리지 못한답니다. 제가 꼭 지키고 있는 걸요.”

“이제야 울지 않는 이유를 알겠습니다. 장닭이 울 이유가 없네요. 뭐가 아시워서 울겠습니까?”

흐르는 냇물에서 돌들을 치워 버리면 그 냇물은 노래를 잃어버린다.

정말 너는 아니지?

역사 시간이었다.

따뜻한 창가에 앉아 꾸벅꾸벅 졸던 민우에게 선생님이 물었다.

"민우야, 이토오히로부미를 누가 죽였지?"

깜짝 놀라서 깬 민우는 질겁을 하며 대답했다.

"선생님, 제가 죽이지 않았어요."

선생님은 너무도 어이가 없어서 민우에게 더 이상 말을 할 수가 없었다.

"민우야, 내일 어머님을 모셔오너라."

다음 날, 학교에 온 민우 어머니는 공손히 선생님께 인사를 드렸다.

"선생님, 우리 민우는 남을 죽일 만큼 그렇게 나쁜 애가 아니에요."

선생님은 또 어이가 없어서 민우 어머니를 그냥 돌려보냈다.

집으로 돌아온 어머니는 남편에게 오늘 있었던 일을 모두 이야기했어요. 민우 아버지는 잠시 생각에 잠기더니 이내 민우를 불렀다.

"민우야, 정말 솔직히 말을 해야 한다. 정말 니가 죽인 것 아니지?"

1분만 더 버티고 노력했더라면 실패의 대부분은 성공으로 바꿀 수 있었을 것이다.

할 수 없지요

머리카락이 두 개뿐인 대머리 아저씨가 이발소에 갔다.

"어서 오십시오. 머리 스타일을 어떻게 해드릴까요?"

"가리마를 타서 해 주세요."

"예, 알겠습니다, 손님."

그런데, 이발사의 실수로 그만 머리카락 하나가 빠져 버렸다.

"어? 조심해서 하셔야죠. 그럼, 퍼머나 해 주세요."

"아이구, 죄송합니다."

이발사가 퍼머를 하던 중 또 실수를 하여 하나 남은 머리카락마저 빠져 버렸다. 대머리 아저씨는 몹시 화가 났으나, 꾹 참고 말했다.

"할 수 없지요. 머리에 광이나 내 주세요."

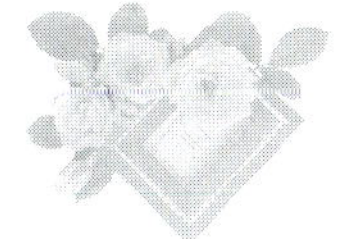

자유의 여신상

선생님께서 초등학교 학생들에게 자유의 여신상에 대한 설명을 하시면서 물었다.

"자유의 여신이 한 손에는 횃불을 들고, 다른 한 손에는 책과 같이 생긴 서판을 들고 있는데 그 이유를 아는 학생은 대답해 봐요."

그러자, 한 어린이가 일어나서 대답했다.

"깜깜한 데서는 책을 읽을 수 없기 때문이지요."

외과 의사

한 병사가 등에 화살을 맞고 외과 의사를 찾아갔다.

의사는 화살의 자루 부분을 가위로 잘라 내면서 말했다.

"자, 이제 다 끝났습니다. 돌아가십시오."

병사는 깜짝 놀라면서 의사에게 물었다.

"화살의 촉 부분은 아직 내 등의 깊숙한 곳에 박혀 있는데 다 끝났다니요?"

그러자, 의사는 머리를 가로저으며 말했다.

"제가 할 일은 다 끝났다는 겁니다. 화살 촉은 등 속에 박혀 있으므로 내과 전문의를 찾아 가셔야지요. 외과의 수술은 끝났습니다."

배가 아파요

"엄마, 갑자기 배가 아파요."

"그건 배 속이 비어 있기 때문이야. 엄마가 밥을 줄 테니 어서 먹어 봐. 그러면 금세 안 아플 거야."

그 날 오후, 손님이 이 집을 방문했다. 그런데, 손님이 엄마와 대화를 하는 도중 이런 이야기를 하는 것이었다.

"오늘 하루 종일 머리가 아파서 얼마나 고생을 했는지 몰라요."

이때, 아이가 옆으로 종종 걸어오더니 입을 열었다.

"왜 머리가 아픈지 아세요? 그것은 머리 속이 텅 비어 있기 때문이에요. 머리 속에 뭔가 집어 넣어보세요. 그러면 훨씬 낳아질 거예요."

화장실 물통

언젠가 폭탄 한개가 한 아파트 지역에 명중했다.

흙먼지가 가라앉은 다음 인명 피해가 없나 하고 살펴보았더니 다들 무사한데 할아버지만 모습이 보이지 않았다.

"어? 이상하다. 분명히 할아버지가 있었다고 했는데?"

한참 후, 구조반원들은 흙더미 속에서 웃음 소리가 나는 것을 듣고 무너진 화장실에 갇혀 있던 할아버지를 구출해 냈다. 할아버지는 한 군데도 다친 데가 없었을 뿐 아니라, 여전히 껄껄 웃고 있었다.

"할아버지, 뭐가 그리도 우스우세요?"

구조반원들은 하도 할아버지가 웃길래 물어보았다.

"아, 글쎄, 내가 화장실 물통의 줄을 잡아당겼더니, 집이 온통 와르르 무너지잖아. 그러니 내가 우스울 수밖에."

부 부

건망증이 심한 부부가 있었다.

하루는 부부가 외식을 하려고 시내로 나갔다. 식당에 앉자마자 아내가 얼굴이 하얘지는 거였다.

"어머, 이 일을 어쩌지요? 깜박 잊고 다리미 코드를 빼지 않고 그냥 나왔어요."

아내는 집에 불이 났을까 봐 안절부절 못 하고 있는데 남편은 아주 여유만만한 표정이었다.

"여보, 절대로 걱정하지 않아도 돼요. 나도 깜박 잊고 목욕탕 수도꼭지를 틀어 놓은 채 나왔으니까 절대로 불은 안 날 거요."

총이 아니야

어느 날, 영철이가 구두쇠 친구 현석이와 함께 슈퍼에 갔다. 그런데, 가는 날이 장날이라고 슈퍼에 강도 둘이 들이닥친 것이다.

"모두 손 들어!"

강도는 이렇게 외치며 손님들의 주머니를 뒤지기 시작했다.

현석이가 팔꿈치로 영철이를 꾹꾹 찔렀다.

"이것을 받아." 현석이가 속삭였다.

"내게 총을 줄 생각은 말어. 제발이야."

영철이 역시 속삭이듯 대답했다.

"난 정말이지 그런 용기가 없어, 현석아."

"이것 봐. 이건 총이 아니야. 내가 전에 꾸었던 2천 5백원이야."

장군 멍군

어떤 사람이 외출을 했는데 실수로 구두의 밑창 두께가 다른 것을 짝짝이로 신고 있었다. 그것도 모르고 계속 걷다 보니 몹시 불편해서 짜증이 났다.

"내 한쪽 다리가 다른 쪽 다리보다 더 길어진 것일까, 아니면 길이 평평하지 못해서 그런 것일까?"

뒤에서 이를 본 사람이 일러 주었다.

"당신의 신발은 서로 모양이 다르네요. 그러고 보니 짝짝이로 신고 있어요."

그는 당장에 하인을 시켜 집으로 뛰어가서 발에 맞는 신발을 가지고 오도록 했다.

잠시 후, 하인이 빈 손으로 뛰어와서 황당하다는 듯이 아뢰었다.

"집에 있는 신발도 짝짝이던데요!"

우유 맛

한 청년이 시골을 방문했다.

한 농가에 들러 점심을 먹게 되었다.

"이상하다. 우유 맛이 좀 상한 것 같기도 하고."

함께 우유를 들던 사람들은 저마다 고개를 갸우뚱거렸다.

"정말로 우유가 상한 것 같애."

옆에서 그 말을 듣던 농장 주인이 입을 열었다.

"왜요? 우유 맛이 이상하다구요? 아마도 그럴 수 있겠지요. 요즘 우루과이라운드니 뭐니 해서 소들도 속이 말이 아닐 거예요. 소라고 속이 상하지 않겠어요?"

"아 예, 그럴 수도 있겠네요."

걱정할 것 같아서

약간 모자라는 남자가 친구 집에 놀러왔다. 그런데, 갑자기 소나기가 내리는 거였다.

"밤도 늦었고 비도 몹시 오는데 집으로 돌아가기 힘들 거야. 그러니 오늘 밤은 우리 집에서 자고 가게."

"그럼 그럴까. 하룻밤만 신세를 지세."

그는 못이기는 척하며 눌러 앉았다.

잠시 뒤, 그는 살짝 방문을 나갔다.

'화장실을 가나?' 그러나, 그는 1시간이 지나도 들어오지 않는 거였다.

"허, 참 이상하네. 이 사람이 어디를 간 거야?"

친구가 한참 동안 걱정을 하고 있으려니까 그가 아주 비에 흠뻑 젖어서 들어왔다.

"아니, 이 사람아, 어디를 갔다가 오는 길인가?"

"밖에서 잠을 자면 집에서 걱정할까 봐 가서 얘기를 하고 오는 길일세."

언제 밥먹으러 오나요?

어느 미국인이 전우의 묘 앞에 꽃다발을 놓고 나오는 길이었다.

그런데, 이상한 장면을 보게 되었다.

"참으로 이상한 일이야."

그 미국인은 그냥 지나가려다가 너무도 궁금하여 다가가서 물었다.

"당신의 친구는 언제 이 밥을 먹으러 오죠?"

"모르긴 몰라도 당신네 친구가 그 꽃냄새를 맡으러 올 때쯤이면 올 겁니다."

여자하고 결혼했어요

어느 날, 약간 멍청한 친구가 결혼을 하게 되었다.

친척들이 와서 모두 축하해 주었다. 친척 어른 가운데 한 분이 물었다.

"정말 결혼을 축하하네. 그런데, 신부는 대체 누구인가?"

"여자예요."

"예끼 이 사람아. 농담하지 말게. 그럼, 남자하고 결혼하는 사람도 있나?"

그러자, 멍청한 신랑은 엄숙한 표정으로 말했다.

"정말 모르시는 말씀이세요. 우리 누나는 남자하고 결혼했는대요?"

"아이구, 맙소사."

당신한테 배운 거요

한 동네에 구둣방이 딱 하나 있었다.

하루는 병원 의사가 장화 한 켤레를 수선하기 위해 그 구둣방으로 갔다.

"아, 이거 도저히 고칠 수가 없겠는데요."

"알았습니다."

의사가 장화를 들고 가려니까 구둣방 주인이 불렀다.

"5천 원은 내고 가셔야지요."

"신발을 고치지도 않았는데 왜 돈을 냅니까?"

의사는 화를 버럭 냈다.

그러자, 구둣방 주인은 천천히 입을 열었다.

"이게 다 의사 선생님한테 배운 것입니다. 내가 병원에 갔을 때 선생님은 내 병은 도저히 고칠 수 없다고 하면서도 진찰비는 받지 않으셨어요?"

소매치기 당한 지갑

하루는 어떤 신문에 이런 광고가 실려 있었다.

〈시장 거리에서 나의 지갑을 소매치기 한 사람을 알고 있으니 이 광고를 보는 즉시 주인에게 돌려 주시오.〉

이 광고가 나가자 마자 다음 날 신문에 바로 이런 광고가 실렸다.

〈시장 거리에서 지갑을 소매치기 당한 분은 곧 900-○○○○로 전화를 주시고 지갑을 찾아가시기 바랍니다.〉

경고판을 붙일 걸

　어떤 농민이 대관령 고개의 넓은 초원을 목축지로 사용하고 있었다.

　하루는 여행자 몇 사람이 이곳을 지나다가 멈추었다.

　"자, 너희들도 바람을 쐬어라!"

　그 여행자들은 자동차 문을 열고는 데려온 개를 풀어 놓았다.

　그 개는 소들이 모여 있는 것을 보고는 그곳으로 달려 갔다. 그 개는 정신없이 달려가다가 전기 철조망에 몸이 닿자 마구 짖어대며 숲속으로 사라져 버렸다.

　"멍! 멍!"

　개 주인은 그 넓은 초원을 죽으라고 뛰어다닌 끝에 겨우 개를 찾았다.

　개 주인은 그 즉시 농부에게로 갔다.

　"왜 철조망에 조심하라는 경고판을 붙이지 않았지요?"

개 주인은 화가 나서 씩씩거리며 말하자, 농부는 느긋한 표정으로 대답했다.

"당신의 개가 경고판의 글씨를 읽을 줄 안다는 걸 알았다면 경고판을 붙일걸 그랬군요."

기다리는 법을 아는 것은 성공의 위대한 비결이다.

안녕히 계세요

상훈이네는 이삿짐을 싸고 있었다.

"엄마, 우리 언제 이사가요?"

상훈이는 이사를 간다고 좋아서 이리 뛰고 저리 뛰며 좋아했다.

"우리는 내일 서울로 이사를 간단다. 오늘 밤이 이 집에서 자는 마지막 밤이야."

"그래요."

상훈이는 슬슬 자기 방으로 가더니 무릎을 꿇고 기도를 드렸다.

"하나님, 그 동안 고마웠어요. 우리 가족이 여기서 자는건 오늘 밤이 마지막이래요. 그럼, 안녕히 계세요."

게으른 목동

한 게으른 목동이 양들을 벌판에 그냥 놔둔 채 벌렁 누워서 빈둥대고 있었다.

길을 가던 나그네가 물었다.

"청주로 가려면 어디로 갑니까?"

"저리로 가슈."

목동은 손 하나 까딱하지 않고 말했다.

'저런 괘씸한 사람이 있나?'

나그네는 몹시 불쾌하여 이렇게 말했다.

"지금 당신이 내게 보여준 게으른 행동보다 더 게으른 행동을 보여 주면 당신에게 돈을 주겠소."

그러자, 목동은 쳐다보지도 않고 대답했다.

"그 돈 호주머니에 넣어 주슈."

개구리들의 대화

개구리 세 마리가 있었는데 모두 IQ가 약간 모자랐다. 이 개구리들의 IQ는 20, 30, 40이었다.

하루는 학교에서 시험을 치르고 나자, 세 마리의 개구리는 시험에 대해서 이야기를 나누었다.

먼저 IQ 20인 개구리가 말했다.

"나는 이번 시험에 백지를 냈어."

그랬더니, 이번에는 IQ 30인 개구리가 다음 말을 받았다.

"너 지금 백지를 냈다고 했니? 어머, 어쩜 나랑 똑같니. 나도 백지를 냈는데. 혹시 선생님이 내가 네 것을 컨닝했다고 야단치시면 어떡하니?"

옆에서 듣고 있던 IQ 40인 개구리가 한숨을 크게 내쉬며 말했다.

"아휴, 큰일날 뻔했네. 나도 백지를 냈거든. 그런데, 나는 이름을 안 썼으니까 정말 안심이야."

앵무새

어떤 사람이 앵무새를 하나 사 가지고 왔다.

"여보세요, 여보세요!"

하루 종일 새 앞에 앉아 말을 가르쳤다. 하지만, 앵부새는 따라할 생각을 하지 않았다.

그러던 어느 날, 그 사람은 화가 나서 큰소리로 외쳤다.

"여보시오! 여보시오!"

그랬더니, 앵무새가 말을 하는 거였다.

"무슨 일이오? 지금 전화가 통화중이오?"

현섭은 워!

"소대 섯!"

상사가 신병 소대에게 명령하자 병사 모두 섰다.

그런데, 한 병사가 서지 않고 계속 앞으로 가는 것이다.

"현섭 군, 자네는 군에 들어오기 전에 무슨 일을 했지?"

"예, 상사님. 저는 마부 일을 했습니다."

"알았다!"

"소대 섯! 그리고 현섭은 워!"

죄송해요

상훈이가 아빠 사무실로 전화를 걸었다.

"여보세요, 지금 전화 받으시는 분은 누구세요?"

아빠는 단번에 아들임을 알았다.

'요 녀석이 또 장난을 해.'

이렇게 생각한 아빠는 슬쩍 놀려 주었다.

"이 세상에서 가장 머리가 좋은 사람입니다."

"죄송합니다. 제가 전화를 잘못 걸었나 봐요."

전화는 뚝 끊어지고 말았다.

레코드 디스크

하루는 땡칠이가 마루에 반듯이 누워 노래를 부르고 있었다.

얼마 뒤, 어머니가 그 옆을 지나다가 보니 이번에는 마루에 엎드려서 노래를 부르고 있었다.

"아니, 아까는 반듯이 누워서 노래를 부르더니, 이제는 엎드려서 노래를 부르냐?"

"아이, 어머니는. 좀전에는 레코드 디스크 앞판의 노래를 부르기 때문에 반듯이 누워서 불렀고, 지금은 뒤판의 노래를 부르니까 엎드려서 불러야죠."

신고할 물건

공항에서 세관원이 조사를 하고 있었다.

한 여행자의 차례가 되었다.

"신고하실 물건은 없습니까?"

"예, 없습니다."

그 여행자는 당당하게 말했다.

"정말입니까?"

"정말이라니까요."

그러자, 세관원은 어이없다는 표정으로 물었다.

"그럼, 당신 뒤에 있는 저 코끼리는 뭔가요? 코끼리의 양쪽 귓속에 빵이 들어 있지 않습니까?"

"아니, 뭐라고요? 내가 내 샌드위치에 뭘 넣어서 먹든 당신이 무슨 상관이에요?"

먹어 버렸는데요

어느 집에 아들이 셋이 있었어요. 두 녀석은 셈을 잘 하는데 한 녀석은 아무리 가르쳐 줘도 못했다.

"자, 이것을 너희들이 좋아하는 아이스크림이라고 생각해. 아빠가 너한테는 두 개, 또 너한테는 세 개…."

나는 아이들에게 셈을 가르쳐 주느라고 종이를 작게 잘라서 나누어 주었다.

"자, 이제 알았지? 그럼, 모두 아빠한테 도로 내놔."

그런데, 셈을 할 줄 모르는 녀석이 내놓지 않는 거였다.

"너는 왜 내놓지 않지?"

"먹어 버렸는데요."

의사와 환자 1

의사와 환자가 이야기를 나누고 있었다.

"의사 선생님, 요즘 아무래도 제 귀가 나빠진 것 같아요. 제 방귀 소리조차 안 들린다니까요."

"그래요? 그렇담…. 자, 이 약을 하루에 3알씩 먹어보십시오."

"이 약을 먹으면 잘 들릴까요?"

"방귀 소리는 아주 잘 들릴 겁니다. 이 약은 방귀가 크게 나오는 약이니까요. 방귀 소리가 잘 들리지 않는다면서요?"

"네?"

의사와 환자 2

의사가 환자를 진찰하고 나서 어두운 얼굴로 말했다.

"말씀드리기 괴롭습니다. 환자의 병명은 위암입니다. 마음의 준비를 하십시오."

환자는 깜짝 놀라서 의사에게 따졌다.

"아니, 의사 선생님. 어제는 나더러 체했다고 하지 않았어요. 그래 놓고 이제와서 위암이라고요?"

그러자, 의사는 목에 힘을 주고 점잖게 말했다.

"모르시는 말씀 마세요. 현대 의학은 하루가 다르게 발전하고 있답니다. 아시겠어요?"

옆구리가 아파요

상훈이가 주일 학교에서 창세기를 배웠다.

"아하, 여자는 남자의 갈비뼈로 만들어졌구나."

창세기를 배운 후로 이 문제에 깊은 관심을 가지게 되었다.

그런던 어느 날, 밖에서 뛰어 놀던 상훈이가 집으로 들어오자 마자 엄마에게 말했다.

"엄마, 나 색시를 갖게 되는가 봐요."

"뭐? 네가 색시를…?"

"네, 맞아요. 지금 내 옆구리가 아주 아프단 말이에요. 이건 분명히 갈비뼈 하나가 빠져서 아픈 거라구요."

고집쟁이 부자

　한 동네에 고집쟁이 부자가 살고 있었다.

　아버지와 아들이 어찌나 고집이 센지 한번 고집을 피웠다 하면 서로 지려고 하지 않았다.

　하루는 그 집에 손님이 왔다.

　"애야, 가게에 가서 막걸리좀 사가지고 오너라."

　아들이 술을 사 가지고 오는데 외나무 다리에서 웬 남자를 만났다. 그 남자 또한 여간 고집쟁이가 아니어서 길을 비켜 주지 않았다.

　'내가 비켜 줄줄 알아. 절대로 안 되지.'

　둘은 서로 버티고 서 있었다.

　한편, 아버지는 아들이 돌아올 시간인데도 돌아오지 않자 걱정하였다.

　"아 이녀석이 심부름갔다가 왜 이리 오지 않는 거야. 안되겠다. 내가 나가봐야지."

아버지는 외나무 다리가 있는 곳까지 오자 아들이 이제까지 돌아오지 않은 이유를 알게 되었다.

아버지는 아들에게 말했다.

"너는 이 술을 가지고 먼저 집으로 가 있거라. 내가 이 자리를 지킬 테니."

일이 즐거우면 인생은 낙원이다,
일이 의무에 불과하면 인생은 지옥이다,

실패작

　도자기반에 있는 학생이 선생님을 졸라 억지로 작품을 전시회에 출품하게 되었다.

　전시회 날 그 학생은 여자 친구를 데리고 의기양양하게 전시회장에 들어갔다.

　중간쯤에 자기 작품이 걸려 있는 것을 보고 여자 친구를 그리로 데리고 갔다. 그런데, 그 밑에는 이렇게 씌여 있었다.

　〈유약을 잘못 바른 대표적인 실패작임〉

처칠의 대답

하루는 한 화가가 처칠에게 물었다.

"단 한번도 그림을 그려 본 적이 없는 이름 있는 사람이 이번 미술전에 심사 위원이 되어 있는데 이 점을 어떻게 생각하십니까?"

그러자, 처칠은 아주 담담하게 말했다.

"비록 달걀을 낳아 본 적은 없지만 달걀이 상한 달걀인지 싱싱한 달걀인지는 알 수 있답니다."

약 자

한 대학생이 친구에게 물었다.

"너, W. C.가 무슨 약자인 줄 알아?"

"너, 나를 바보로 아는 거야? 그건 워터 크로젯의 약자다."

"너 정말 바보 아니야? 그건 말이야, 웅(W)과 쉬(C)의 약자라구. 알았니?"

직업은 못 속여

오직 일밖에 모르는 경찰관인 김형사가 있었다.

그는 여름 휴가도 모두 반납하고 일에만 충실했다.

"김형사님, 휴가도 못 가셨는데 우리랑 함께 사냥이나 가요."

동료들은 김형사를 억지로 데리고 사냥을 갔다.

"저기, 꿩이잖아!"

김형사는 넓게 펼쳐져 있는 들판에서 꿩을 발견하고는 살금살금 뒤를 쫓아갔다. 점점 가까이 다가가자 큰소리로 외쳤다.

"꼼짝 마! 경찰이다!"

목사님의 질문

목사님이 열심히 설교를 하고 있었다. 초등 학생들은 조용히 목사님의 설교를 듣고 있었다.

설교를 마친 목사님은 학생들에게 물었다.

"자, 천당에 가기 전에 무엇을 해야 하는지 아는 사람은 손 들고 말해 보세요."

그러자, 평소에 늘 바른 소리만 하는 은미가 손을 들고 일어섰다.

"천당에 가기 전에는 반드시 죽어야 합니다."

슈발리에의 한숨

프랑스의 유명한 가수인 슈발리에는 어느덧 나이를 먹어 중년이 되었다.

하루는 심사위원으로 참석을 했다가 젊은 아가씨의 심사를 마치고는 긴 한숨을 쉬었다.

"내가 20년만 더 나이를 먹었더라면 이렇지는 않을 텐데."

옆에 앉았던 친구가 옆구리를 꾹 찔렀다.

"20년만 젊었더라면 이겠지."

"아니네. 내가 20년만 늙었더라면 이렇게 가슴이 울렁거리지 않았을 텐데 말이야."

여행에 도시락

"이번 여름 휴가 때 부인하고 같이 갈꺼냐?"

"그으럼 당연하지. 왜?"

"야, 임마! 휴가 때 부부동반하는 것은 마치 서울 시내 한복판에 갈 때 자가용 몰고 가는 것과 같단 말야. 왜냐하면 네가 재미보려고 할 때 주차장을 찾을 수가 없으니까."

혀가 긴 남자

바람둥이 녀석 하나가 빠에 가서 술을 먹으며 무슨 근사한 껀(件)좀 만들 수 없을까 하고 눈독을 들이고 있는데 금발머리 미녀 하나가 들어오는 것이다. 저런, 말을 걸려고 하는데 자기를 지나쳐 저 뒷자리에 앉아 있는 어떤 늙은 술꾼 앞에 가서 앉는 것이 아닌가?

조금 있다가 아주 예쁜 아가씨가 하나 또 들어오더니 곧장, 뒷자리의 그 영감쟁이한테로 갔다.

거참! 이상하단 말야. 돈도 별로 없게 생긴 저 영감이 어디에 매력이 있길래 저러나 싶어서 빠텐더에게 물어봤지.

"저 영감이 누구요?"

빠텐더 대답이

"그 사람이 누군지는 정확히 모르겠수. 하지만 매일 우리집에 와서 위스키 한병을 시켜 놓고는 자기 혀를 꺼내서 자기 혓바닥으로 두 눈을 계속 닦아내곤 한단 말야."

앗차, 그걸 몰랐네

멍청해는 남편 맹구가 예정보다 하루 일찍 출장에서 돌아와서 벨을 누르자 허둥대면서 겨우 문을 열어 주었다.

맹구가 손을 씻으려고 목욕탕으로 들어가려고 하니까 멍청해는 당황하며 말렸다.

"내 집 욕실을 내가 쓰는 건 내 마음대로야."

하고 맹구가 욕실 문을 열었더니 처음 보는 젊은 사내가 웅크리고 있었다.

이 청년은 조금도 당황하는 빛 없이 침착한 목소리로,

"죄송합니다. 실은 2층 부인과 가까이 지내는 사이입니다만 오늘은 느닷없이 남편이 일찍 돌아와서 2층 창문을 통해 댁의 욕실로 도망쳐 온 것입니다. 죄송하지만 이 집 현관으로 나가게 해주십시오."

맹구는 싱긋 웃으며 청년을 내보내주었다.

이윽고 한밤중이 되어 멍청해는 코를 골며 자고 있었다. 아직 잠이 들지 않은 맹구가 벌떡 일어나서 멍청해의 머리를 주먹으로 사정없이 내리쳤다.

멍청해는 깜짝 놀라 벌떡 일어났다.

"당신 왜그래요, 미쳤어요?"

"그래 나 미쳤다. 이 여편네야. 이제 생각나는데, 우리 집은 단층 집이야."

코가 길어졌구나

조지는 누드촌에서 몇달을 보내고 있었다. 어느날 어머니한테서 편지가 왔다. 최근 사진을 한장 보내 달라는 내용이었다.

그런데 여기서 찍은 사진이래야 전부 발가벗은 것밖에 없었다. 그래서 어머니를 거북하게 만들지 않기 위해 사진을 반으로 잘라서 허리 위 부분을 보내드렸다.

아, 그랬더니 어머니가 다시 편지를 보내셨는데 이번엔 할머니가 손자 사진 한장 갖고 싶다고 하시니 한장 더 보내 달라는 얘기다.

조지란 녀석, 가만히 생각하다 할머니는 시력이 나쁘니까 아무 사진이라도 괜찮을 것 같단 말야. 그래서 먼젓번 반으로 자른 사진, 그러니까 아랫도리 사진을 보냈겠다.

할머니가 사진을 받아본 후 보낸 편지 내용,

"애 아가야, 네 머리 스타일 때문에 네 코가 아주 길어 보이더구나."

꼼짝마라

항상 우리말을 애용해야 한다고 주장하며 자신도 언제나 우리말을 쓰려고 노력하던 만득이가 군에 입대했다.

어느 날 그는 상사의 명령을 각 내무반에 하달하는 방송을 내보내게 됐다.

으레 그렇듯이 군 방송은 "동작그만, 전달사항"으로 시작해야 하는데 항상 우리말로 해야한다는 강박관념에 시달리던 만득이가 엉겁결에 자신도 모르게 말하길,

"꼼짝마라, 할 말 있다."

너도 떨어져봐!

어느날 경구가 극장엘 갔다.

영화 제목은 '……부인'.

그런데 한참 영화를 감상하고 있던 경구가 갑자기 어느 구석에서 신음소리를 내기 시작했다.

그 극장 안내원이 깜짝 놀라며 후레쉬를 들고 경구를 비췄다.

"아니? 알거 다 알만한 사람이 이 무슨 추태예요!"

그러자 경구가 말했다.

"너도 2층에서 한번 떨어져 봐!"

못생긴 정도

영구와 맹구가 저승에 가게 되었다.

험한 골짜기, 암벽, 불타오르는 들판을 지나 저승에 도착한 두 사람은 이상한 것을 발견했다.

그것은 굉장히 많은 시계가 여기저기서 쉴새없이 돌아가고 있는게 아닌가.

영구는 하도 이상하여 염라대왕에게 물었다.

"염라대왕님. 천천히 돌아가는 시계도 있고 빨리 돌아가는 시계도 있는데 왜 그렇습니까?"

"못생긴 사람의 시계일수록 빨리 돌아가는 것이니라."

옆에 있던 맹구가 물었다.

"그럼 제 시계는 어디 있어요."

"지금 선풍기로 쓰고 있다."

이번에는 만득이가 물었다.

"그럼 제 시계는요?"

"네건 헬리콥터의 프로펠러로 쓰고 있지."

포장도 안 뜯은 신품

　결혼을 며칠 앞두고 운동을 하다가 넘어지는 바람에 재수없게 물건이 똑 부러졌다. 의사가 즉시 치료를 하고 기브스를 했지만 최소한 2주일은 기다려야 완치가 된다는 것이다. 결혼 날짜는 내일모레인데 큰일이 아닐 수 없다. 하는 수 없이 결혼 전날까지는 입다물고 있다가 첫날밤에 신부한테 사실대로 얘기하리라 마음먹고 있었다.

　결혼식을 마치고 신혼여행을 갔다. 첫날밤 단둘이 호텔방에 남았다.

　신부 하는 말이,

　"저 말이죠, 저는 아직까지 남자하고 관계를 맺어본 적이 없어요."

　이때를 놓칠 신랑이 아니다.

　"아 그랬군요, 저도 마찬가지입니다. 아직까지 여자와 같이 자본적이 없어요. 제 물건 좀 보세요. 아주 새것이랍니다. 아직까지 포장을 뜯지도 않았으니까요."

이부자리 지저분하네

두명의 젊은이들과 한명의 노인이 앉아서 자기들만이 갖고 있는 걱정 거리를 얘기하고 있었다.

젊은이 한명, "나는 아침 5시면 꼭 오줌을 눠야 되니까 미치겠다구"

또 한명의 젊은이, "나는 아침 4시면 꼭 오줌을 눈다구. 아침 일찍 일어나야 하니까 죽을 지경이야."

이 소리를 가만히 듣고 있던 노인이 소리를 꽥 질렀다.

"자네들 그까짓 것 가지고 걱정 거리라고 얘기하나? 집어치워! 내 걱정 좀 들어봐! 나는 아침 7시면 틀림없이 오줌도 누고 대변도 본단 말야. 꼭 돼지처럼 콸콸 본단 말야. 그런데 문제는 9시가 되어야 잠이 깬다는 것이라구, 젠장."

고기를 집어넣어라

<넌센스 퀴즈>

"음식 먹는 오븐하고 여자에 관한 퀴즈 하나 합시다."

"해보셔!"

"오븐하고 여자하고 같은 점이 있는데 뭔지 아시나?"

"졌수다. 가르쳐 주셔."

"둘다 뜨거워진 다음에 미트를 넣는다는 점."

홈런이란

물리학 강의시간에 평면운동에 관한 강의를 끝낸 교수
가 몇 문제를 숙제로 냈다.

문제 가운데 하나는 야구선수가 방망이로 친 공의 출
발각도와 속도, 그리고 운동장의 크기, 펜스의 높이 등을
알려주고 과연 그 공이 "홈런"이 되겠느냐는 것이었다.

다음 강의시간에 교수는 문제를 푸는 데 어려움은 없
었느냐고 물었다.

용만이가 야구공 문제에 대해 질문을 했다.

교수는 속도와 출발각도 및 거리 사이의 관계를 설명
하기 시작했다.

교수의 설명이 끝나자 용만이가 말했다.

"그것은 저도 알아요."

하고 말했다.

교수가 물었다.

"그럼 학생이 모르겠다는것은 뭐지?"

"'홈런'이라는게 뭡니까?"

배 꼽

　배꼽이 2개인 갑순이가 그 사실을 숨기고 갑돌이와 결혼했다.

　첫날 밤, 걱정이 돼서 도저히 견딜 수가 없었던 갑순이가 이런 사실을 갑돌이에게 먼저 고백하기로 했다.

　"저…… 용서해 주세요. 사실은 당신하고 저하고 배꼽을 합치면 모두 3개예요."

　그러자 갑돌이가 깜짝 놀라며 되물었다.

　"아니 그럼, 당신은 배꼽이 없단 말야?"

가게는 누가 봐

경규가 큰 슈퍼마켓을 운영하다 큰 사고가 나 앓아 눕게 되었다.

병원에 입원해 있는데 가족들이 모두들 둘러앉아 근심 어린 얼굴로 보고 있다.

경규가 힘없이 눈을 뜨더니 힘겹게 말했다.

"여보!"

"예! 여기 있어요."

"첫째야!"

"예! 아버님!"

"둘째하고 막내는?"

"예! 저희도 여기 있어요!"

이렇게 식구들을 한명씩 불러보던 경규는 갑자기 벌떡 일어나 소리쳤다.

"그럼 지금 가게는 누가 보는거야!"

엉뚱한 답변

버스 속에서 아름다운 유치원 여선생에게 재석이가 질문을 했다.

"아이는 몇이나 됩니까?"

그 여선생은 유치원생의 수를 묻는 것이라 착각하고,

"50명 있습니다."

하고 대답했다.

듣고 있던 사람들은 어이가 없다는 듯이 크게 웃었다.

그랬더니 여선생은 그렇게 많은 애들을 가르칠 리가 없다고 비웃는 것이라 생각하고 곧 이어서 말했다.

"비웃지들 마십시오. 나는 보조원을 쓰고 있으니까요."

전화 때문에

홍철이가 양 귓볼이 빨개져서 나타났다.

재석이가 놀라서 그 이유를 물었다.

"귀가 어떻게 된 거니?"

홍철이는 퉁명스럽게 대답했다.

"입고 나올 옷을 다리고 있는데 전화벨이 울려서 그만 다리미를, 수화기인줄 알고…"

재석이는 한심하다는 듯이 듣고 있다가 다시 물었다.

"그런데 왼쪽은 왜 또 그렇게 빨갛게 됐는데…"

"그가 또 전화를 했기 때문에…"

전자렌지

경구네 집은 최근에 전자렌지를 새로 구입했다.

편리하기 때문에 경구는 무엇이든 데우려고 했다.

친구가 놀러왔다.

그리고 친구가 부엌에서 커피잔을 들고 나오는데 경구가 커피잔을 빼앗으며 말했다.

"커피포트에 데운 건 뜨겁지 않대. 전자렌지에 데워줄께."

친구는 아무 말도 못하고 그만 커피잔을 빼앗겼다.

경구가 컵을 데워주자 친구가 한마디 했다.

"그건 콜라였어."

아직도 건전하다구?

<넌센스 퀴즈 하나 더 >

"자, 이번엔 GAY(게이＝동성연애자)에 대한 수수께 끼."

"좋아요. 문제를 내 보슈."

"GAY의 약자가 뭔지 아슈?"

"모르겄수. 가르쳐 주슈."

"아직 에이즈 안걸렸소?의 약자요"

길가의 두마리 강아지

길 가운데서 개 두마리가 그짓을 하고 있었다. 그때 마침 아버지하고 길을 지나가던 어린 아들이 개들이 이상한 짓을 하는 걸 보고 아버지한테 물었다.

"아빠, 아빠 저 개들이 뭐 하는 거예요?"

아버지가 궁여지책으로 대답하기를,

"어, 그건 말이야. 개 한마리가 병이 들어서 다른 개가 그 아픈 개를 데리고 병원으로 가는 중이야."

뱉느냐? 삼키느냐?

사람들이 누구를 사랑한다고 할 때, "사랑하느냐?" "좋아하느냐?"를 따져 물어보는 수가 있다.

그렇다면 "좋아하는 것"과 "사랑하는 것"의 차이점은?

"뱉어 버리느냐" 또는 "삼키느냐"의 차이라고 볼 수 있다.

애벌레가 세상의 끝이라고 말하는 것을 우리는 나비라고 부른다.

이빨이 박힌 곳

어떤 친구가 치과에 왔다.

의사 : 자 앉으시고 입을 벌리세요.

환자 : 입이 아니고 여기요. (하면서 바지를 벗었다.)

의사 : 여보슈, 입을 벌리라는데 왜 바지를 벗어요

환자 : 허허. 여기 거시기에 박혀 있는 이빨을 빼줘야
　　　할거 야뇨.

아부의 방법

준하가 변호사를 찾았다.

"변호사님, 소송을 하기 전에 재판관에게 금일봉을 명함과 함께 넣어주면 어떻겠습니까?"

"당치도 않은 말을. 그런 짓을 하면 오히려 불리하게 되어 재판은 당신이 지게 됩니다."

이 재판은 결국 이기게 되었고, 준하는 뛸 듯이 기뻐하며 변호사에게 말했다.

"그때 선생님께선 반대했습니다만, 제 판단으로 재판관에게 봉투에 돈을 좀 넣어서 보내 드렸습니다."

변호사가 깜짝 놀라,

"그 고지식하다고 이름난 판사님이 그렇게 넘어갔다니 도저히 믿을 수 없는데요."

"그러실 줄 알고 명함에는 피고인의 이름을 넣었거든요."

발 행 인 · 윤 정 섭
펴 낸 이 · 백 명 애
펴 낸 곳 · 도서출판 윤미디어
등   록 · 제5-383호(1993.9.21)
주   소 · 서울시 중랑구 묵2동
           238-32호
전   화 · 972-1474
팩   스 · 979-7605

E-mail yunmedia93@yahoo.co.kr